KB268785

30대 후반의 젊은 나이에 회사를 설립하면서, 두려움과 걱정에 밤잠을 설쳤던 기억을 잊을 수 없다. 사장이 된 후로 누구보다 바쁘게 달렸고, 그 결과 이 자리에까지 서게 됐다. 그러나 여러 가지 경영 문제들이 계속해서 괴롭혔고, 그때 이 책을 접하게 됐다. 나와 같은 젊은 CEO에게는 최고의 선물이다.

—(주)유비디시전 신동우 대표

경영방식과 리더십·자금마련방법·외부조건을 이용하는 지혜 그리고 자질구레한 경영현실까지, 사장이라면 꼭 기억해야 할 많은 경험들이 이 한 권에 녹아 있다. 회사 운영, 위기상황 대처, 도약을 위한 준비 등을 하는 데 큰 도움이 될 것이다.

—마케팅연구소 업의 개념 정영복 대표

비즈니스의 성패는 고객의 니즈를 얼마나 잘 파악하느냐에 달렸다. 팀장과 팀원, 사장과 직원의 관계에서도 서로의 니즈를 잘 파악하는 것이 중요한데, 그런 점에서 이 책은 그 핵심 니즈를 파악하는 실전 노하우를 상세히 알려주고 있다. 사장에게는 좋은 회사를 만들기 위해 어떤 노력을 경주해야 하는지 알려주는 한편, 직원에게는 사장을 이해할 수 있는 좋은 방편이 되어줄 것이다.

—코웰패션(주) 구본길 온라인 기획팀장

불가능을
가능으로 만드는
강한 사장이
답이다

불가능을
가능으로 만드는
강한 사장이
답이다

| 이청종 지음 |

위기의 시대,
사장을 생각한다

내가 사업가가 되어 경영을 하리라고는 꿈에도 생각지 못했다. 그런데 어느 순간 정신차리고 보니 수백 명의 직원을 거느린 기업인이 되어 있었다. 처음엔 성공한 기업인들이 어떻게 사업을 일구었는지 그 실마리조차 찾을 수 없었지만, 뛰어든 분야에서 어느 정도 궤도에 오르니 '아! 이런 거였구나' 하는 생각이 비로소 들기 시작했다.

한 사업체를 운영하는 것은 경영학 책에 나와 있는 이론만 가지고는 부족하다. 사업을 관리하고 운영하는 것은 실전이요, 그 경험은 기업 간의 생존 경쟁에서 무엇보다 중요하다. 하지만 이제 본격적으로 시작해보려는 사람이 어떻게 실전 경험을 논할 수가 있겠는가? 그러므로 현장의 생생한 이야기와 구체적인 실상은 누군가의 입을 통해 전해질 필요가 있다.

이 책에는 내가 회사를 창업하고 13년간 운영해오면서 느낀 점을 비롯해 기업을 운영할 때 꼭 필요한 경영 노하우들이 담겨 있다. 어떻게 사업을 시작하고, 어떻게 회사를 키우며, 어떻게 회사의 시스템을 안착시킬 것인지에 관한 상세한 내용을 만날 수 있을 것이다. 절대로 쉬운 과정은 아니지만 자신이 창의적이고 스마트한 사람이라고 생각된다면, 사업에 한번 도전해 볼 것을 권하고 싶다.

나 역시 '사업이란 게 뭐 그렇게 어렵겠어?' 하는 호기 어린 생각으로 사업을 시작했었다. 하지만 곧바로 여러 차례 위기의 순간을 겪었다. 어려서부터 누구에게 말도 잘 못 붙이는 성격이었으므로 어려운 순간이 찾아왔을 때 직원들을 토닥이고 격려하는 일부터가 쉽지 않았다.

엎친 데 덮친 격으로 내부 직원의 횡령 사건이 발생했고, 그것도 모자라 국세청 세무조사, 병무청 병역비리 조사, 검찰 수사까지 받아야 했다. 정말이지 중소기업 사장으로서는 경험하기 어려운 일들을 모조리 겪은 듯하다.

사소한 것으로 여겨 내버려뒀던 일이 회사의 존폐를 위협하는 문제로 커지는 것을 보면서, 사업은 실제로 부딪치고 넘어져 보지 않으면, 미리 짐작만 해서 알기 어려운 일들이 너무나 많다는 것을 깨달았다.

'도메인 사업'으로 기반을 다진 우리 회사를 보고 주변에서는 정말 편안하고 좋은 사업을 하고 있다고 말을 하지만, 회사가 자리를 잡기까지 그리 녹록한 과정은 아니었다. 나와 같은 길을 걷고자 하는 사람들이 이 과정을 면면이 살펴본다면, 실패의 경험을 덜 하게 되리라 생각한다.

무엇보다 이 책은 자기사업을 생각하는 사람이나 기업을 운영한 경험이 많지 않은 사람들을 위해 쓰여졌다. 반드시 준비해야 할 것과 위험이 닥쳐올 상황을 소개하고 자금난, 인력난 등을 해결할 수 있는 실마리를 안겨주고자 13년간의 일들을 정리해 본 것이다. 아마 아직 경험해보지 않은 사장의 세계를 탐험하는 데 좋은 나침반이 되리라고 본다.

다만 '취업도 어려운 마당에 창업이나 한번 해볼까?'란 안일한 생각으로 사업에 뛰어들면 절대 곤란하다. 직원으로서 월급을 받는 것과 달리, 사업은 적자가 나지 않도록 자금 운영에 촉각을 곤두세워야 하는 등 생각하는 처지가 판이하게 다르다는 점을 명심해야 한다.

무릇 모든 시작하는 것들은 작고 초라해보일지 모른다. 하지만 그것이 무엇을 배태하고 있느냐에 따라 전혀 다른 모습과 크기로 성장하게 된다.

"행운은 준비된 자에게 주는 신의 선물이다."

이제 사회생활을 시작하는 후배들, 1인 창조기업을 꿈꾸는 예비 사장들, 사업을 좀더 키워보려는 중소기업 사장들은 이 말을 꼭 가슴 깊이 새겨두었으면 한다.

재미와 열정 그리고 대세를 읽을 줄 아는 능력을 모두 갖춘 사람에게 행운은 요행이 아니라 결과로 다가온다. 세상의 흐름과 함께 즐겁게 자신의 열정을 펼쳐보라. 당신이 먼저 이 세상에 펼쳐진 다양한 환경과 메커니즘에 맞춰야 한다. 여기에다 시작하는 용기 그리고 확장된 경험까지 더해진다면, 훗날 당신은 진정으로 강한 사람이 되어 있을 것이다.

2012년 3월

후이즈그룹 회장 이청종

| 차례 |

PART 6 자금운용의 기본

항상 부족하다고 느껴라

PART 7 미래를 만들어가는 비전

발명가정신으로 무장하라

[리더십 다지기]

흔들리지 않는 모습을 보여라

나를 믿고 따르라

'사장이 비즈니스에 대한 전략과 목표가 뚜렷하다면 직원들도 믿고 따라오지 않을까?'

1999년 나는 내가 모델링한 사업 아이템에 푹 빠져 있었고, 성공에 대한 강한 의지와 확신이 있었다. 당시는 인터넷이 꿈틀거리며 태동하고 있던 시기였다. 한국 시장에 처음 도메인 사업을 발굴하고 이를 호스팅 사업으로까지 연결했을 때, 나는 분명 도메인 시장이 인터넷 비즈니스의 관문(Portal)이 될 것이고, 이것이 향후 다양한 호스팅 및 솔루션 시장으로 연계되어 크게 성장할 것이라고 믿었다.

게다가 당시 새롭게 출범한 김대중 정부는 IMF 위기를 극복하기 위한 방책으로 벤처기업에 대한 지원을 물심양면으로 아끼지 않았다. 따라서 인터넷이라는 새로운 도구를 기반으로 하는 새로운 비즈니스 붐이 일어날 것이 분명해보였다. 사람들이 인터넷을 사용하는 한, 우리의 인터넷 비즈니스 인프라 시장은 지속적으로 팽창할 것이라 확신했다.

나는 아침 회의 시간은 물론, 회식 자리에서도 도메인의 경제적 가치와 IT에 대한 후이즈의 선구자적 자긍심을 직원들에게 쉬지 않고 얘기했다.

"도메인이 인터넷이라는 새로운 영토에 부동산 등기를 해주는 일이라는 걸 알고 있지? 이러한 선진적 지식을 많은 사람에게 일깨워 준다는 거, 꽤 의미 있지 않아?"

"단돈 몇만 원이면, 인터넷이라는 거대한 사이버 세계에 나만의 땅을 갖게 되는 거야. 나중에 인터넷상에서 전자상거래가 활성화되면, 권리금을 주지 않고도 인터넷상에서 물건을 팔 수 있는 시대가 도래하는데, 얼마나 많은 사람들이 이곳에서 장사를 하고 싶어 하겠냐고!"

"도메인은 인터넷 비즈니스의 관문이자 황금알을 낳는 거위인 셈이지. 그러니 후이즈는 이 황금알 사업으로 자연히 성장하게 될 거라고. 그럴 것 같지 않아?"

지금이야 중학생 정도도 이해할 수 있을 쉬운 얘기들이지만, 당시로선 대부분의 사람이 뜬구름 잡는 이야기라 할 정도로 획기적인 생각이었다. 그나마 우리 회사 직원들은 IT 트렌드에 대해 잘 사업을 시작한 초창기에는 사장의 비전에 공감해주는 직원을 만나기가 매우 어렵다. 물론 처음부터 사업 모델 설계를 같이해온 직원이라면 좀 다르겠지만, 채용 절차를 거쳐 새롭게 들어온 직원에게 회사의 비전을 이해시키고 투철한 책임감까지 기대하는 것은 결코 쉽지 않은 일이다.

소프트뱅크의 손정의 회장은 스물네 살 때 자본금 1,000만 엔을 가지고 도쿄 이치가야 역 근처에 일본 소프트뱅크(주)를 설립하고, 소프트웨어 도매업을 시작했다. 직원이라곤 아르바이트생 2명뿐이었던 회사에서 그는 연단 대신 사과 박스 위에 올라가 의기양양하게 말했다.

"우리 회사는 5년 내에 1백억 엔, 10년 후엔 5백억 엔, 언젠가는 수조 엔 대의 기업이 될 것입니다."

금방이라도 생쥐가 튀어나올 것 같은 창고에서 이렇게 거대한 포부를 밝힌 후 결국 두 명의 아르바이트생은 곧 회사를 그만두었다. 오너의 혜안과 실력을 알아보기엔 함께 지내온 시간이 짧았던 터라, 그의 연설은 어불성설로밖에 들리지 않았던 것이다.

하지만 그의 호언장담은 곧 현실이 되어갔다. 예상대로 당시 일본에서 전자오락 열풍이 불며 개인용 컴퓨터 시장이 크게 번성했기 때문이다. 창업 1년 뒤, 손정의 회장은 일본 주간지 〈주간 아사히〉에 '컴퓨터로 거부를 쌓은 신데렐라 보이'라는 제목으로 화려하게 소개되었다. 곧이어 '일본 PC소프트웨어협회'를 만들어 회장에 취임했고, 그의 말대로 창업 10년 후 매출 500억 엔을 돌파했다.

알고 있던 터라, 내가 이런 말들을 쏟아내면 까만 눈을 반짝거리며 고개를 끄덕였다. 분명 일리가 있다는 표정들이었다.

최전선에서 싸우는 리더

몇 년간 잠시 반짝했다가 사라질 사업 아이템이 아니라는 확신도 주어야 했다. 회사가 앞으로 얼마나 성장할 수 있는지에 대해 직원들에게 명확하게 이해시킬 필요가 있었다. 디즈니랜드의 창업자 월트 디즈니는 "세상에 상상할 수 있는 것이 남아 있는 한, 디즈니랜드는 완공되었다고 말할 수 없다"라는 명언을 남겼다. 나역시 직원들에게 아이템이 가진 잠재적 힘을 각인시키기 위해 애썼다.

"도메인 판매는 우리 비즈니스의 시작일 뿐이야. 도메인을 산 기업 고객에게 서버 환경을 제공하는 호스팅 서비스를 해주고, 또한 웹메일 솔루션을 제공할 수도 있겠지? 그들을 대상으로 쇼핑몰 창업 노하우와 온라인 광고 마케팅 비법을 교육할 수도 있어. 앞으로 우리가 할 수 있는 일들은 무궁무진하다고!"

리더십이란 결국 파트너로 참여하는 사람들이 지도자를 믿고 따르게 하는 능력을 말한다. 만약 직원들이 사장이 하는 말을 시종일관 귓등으로 흘려보낸다면, 그 어떤 사장도 리더십을 발휘하기는 쉽지 않을 것이다.

부하들을 끔찍이 아끼기로 유명했던 이순신 장군은 목표에 대한 의지와 확신이 강한 인물이었다. 그는 부하들에게 결코 적군을 향해 "돌진하라!"고 말하지 않았다. 그는 나의 롤모델이기도 하다. 나는 창업 초기부터 그가 했던 이 말을 가슴 깊이 새겨왔다.

"나를 믿고 따르라!"

스티브 잡스처럼 비전을 제시하라

"난 직원들을 완전히 믿지 않아. 일 좀 가르쳐서 써먹을 만하면 떠나는데 어떻게 믿겠어?"

언젠가 술자리에서 친분이 있는 어느 중소기업 사장님이 내게 한탄하듯 한 말이다. 실제로 현실이 그렇다. 대기업은 대체로 한번 입사하면 회사에서 나가라고 하기 전까지는 직원들이 열심히 업무를 수행하지만, 작은 기업의 경우는 몇 달 안 다니다가 미련 없이 회사를 떠나는 일이 왕왕 있기 때문이다. 그런데 이런 차이는 어디에서 오는 것일까?

직원들이 문제일까? 물론 그런 부분도 있겠지만, 회사가 직원에게 얼마만큼 신뢰와 안정감을 주고 있는가, 하는 문제가 더 크다고 본다.

대기업의 경우에는 잘 갖추어진 연봉 체계와 복지 정책, 인센티브 정책 등이 있지만, 중소기업은 야근를 해도 수당을 챙겨주기 어려울 뿐만 아니라, 회사가 올해는 버텨낼지 내년은 넘길지 혹은 몇 해 안 지나 쇠약해질지 등 불안한 경우가 허다하기 때문이다. 이런 상황에서 직원이 끝까지 회사를 믿고 함께하기란 쉽지 않은 일이다.

사장은 선원들과 함께 목적지까지 배를 인도하는 선장과도 같다. 좌표를 정확히 설정하고 파도의 흐름을 주시하면서 가능한 비바람이 없고 암초가 없는 안전한 방향으로 배를 인도하여 선원 전체의 안전을 지키는 것이 선장의 책임이다. 회사도 마찬가지다. 사장은 분명한 비전과 리더십으로 직원들에게 회사의 성장과 위기돌파에 대한 믿음과 신뢰를 주어야 한다.

그러기 위해서는 회사의 미션과 비전, 그리고 분기별로 수립된 세부 목표를 표명할 필요가 있다. 즉, 회사의 비전은 물론 독보적인 사업 전략과 전술에 대해 직원들의 공감을 충분히 획득하는 과정이 꼭 필요한 것이다.

사장은 출장중, 직원은 사표 작성중

사업이 어느 정도 궤도에 오른 후 약간의 안일함에 빠져 있을 때 나는 핵심 인재를 놓쳐버리는 실수를 한 적이 있다. '꼭 세세하게 말을 안 해도 알아서들 하겠지'라고 생각하고 내 업무에만 집중하는 바람에 조직을 제대로 돌보지 않았던 것이다.

아니나 다를까, 찜찜했던 일들이 제대로 터져버렸다. 1999년 말, 당시 나는 후이즈의 일본 진출을 위한 교두보를 준비하느라 수시로 회사를 비우고 일본으로 출장을 다녀와야만 했다. 그런데 한 달간의 일본 출장에서 돌아와 보니 책상 위에 사표가 무더기로 쌓여 있는 게 아닌가! 보는 순간 그만 맥이 풀려버렸다.

회사의 매출이 나쁘면 이해라도 하겠는데, 당시 후이즈는 흑자 행진을 이어가고 있었다. 인터넷 주식 공모에 성공해 자금도 확보한 상태였기 때문에 충격은 더 클 수밖에 없었다.

그동안 동고동락하면서 다소 불안했던 시기를 함께한 직원들이 어떻게 회사가 더 좋아지고 있는데도 무더기로 퇴사를 한단 말인가? 한참이 지나도 이해가 되지 않는 대목이었다.

'사장의 생각과 직원들의 생각이 이렇게 다를 수도 있구나……'

사장이 자리를 비울수록 직원에게 내외의 풍파에 흔들리지 않을 믿음과 신뢰를 주었어야 했다. 사실 작은 회사일수록 사장은 몸이 열 개라도 모자랄 정도로 바쁘다. 일인다역을 하느라 동에 번쩍 서에 번쩍해야 하는 까닭이다.

그날 나는 출장의 피곤함도 뒤로 한 채, 밤을 새워 후이즈의 철학과 경영이념 그리고 비전을 문서화하기 시작했다. 마침 그때는 연말이었고, 새해가 되면 직원들을 모아 프레젠테이션을 하곤 했다. 직원들 앞에서, 마치 투자자 앞에서 하듯 사업계획서를 발표하는 것이다. 이때만큼은 내가 최고의 프레젠터라고 스스로 최면을 걸었다. 10명의 투자자를 모으는 일도 중요하지만, 1명의 핵심 인재를 키우고 지켜내는 일이 몇 배는 더 중요할 수 있다. 그러니 결코 직원들에게 미션과 비전을 심는 일을 흐릿하게 해서는 안 된다는 비장함이 생겨난 것이다.

'어떻게 해야 직원들의 마음을 하나로 모을 수 있을까? 그래, 한 편의 감동적인 드라마처럼 잊지 못할 순간을 만들어주자!'

스티브 잡스의 프레젠테이션은 절대 지루하지 않다. 그의 열정과 창조력이 담긴 한 편의 드라마에 가까우며, 핵심만 콕 찔러주되 기승전결이 살아 있다.

프레젠테이션 전날, 나는 깨끗이 세탁한 양복을 준비해두고 미용실에 가서 머리도 깔끔하게 다듬었다. 1년 중 가장 중요한 날이니만큼 이미지에도 신경을 쓴 것이다.

드디어 당일, 회의실에 모인 직원들은 도대체 사장이 뭐하러 우릴 부른 것이냐는 표정으로 나를 바라보았다.

"우리는 올해 매출 목표를 100억 원으로 잡고, 작년 대비 130%의 매출 성장을 이룰 것입니다. 합심하여 노력하면 충분히 달성할 수 있으니, 함께 노력해봅시다."

내가 제시한 숫자는 현실과 비현실의 딱 중간점이었다. '과연, 할 수 있을까?'라는 생각이 없지 않아 있었지만, 일단 해보자고 달려들면 달성 못할 것도 없었다.

"목표를 달성하는 팀에게는 수익 쉐어 인센티브를 설정하여 배당할 것이며, 이를 팀 공헌도 및 개인 업무평가 결과에 따라 팀 단위별 인센티브와 개인별 인센티브로 세분화하여 공정하게 지급하도록 하겠습니다."

직원들은 발표내용에 공감하면서 뜻을 다지는 듯한 눈빛이었다. 회사는 성장하는데 직원들에게 아무런 혜택도 없다면, 어느 누가 열심히 하고 싶겠는가.

사실 어느 회사나 파이가 커지면 당연히 직원들의 복지 수준이 나아지게 되어 있다. 하지만 이러한 점을 명시하여 직원들과 공유하는 것과 그렇지 않고 뭉뚱그려 놓는 것의 차이는 매우 크다. 그러므로 직원들의 성과를 평가하여 공정하게 인센티브를 지급할 것임을 명확히 하는 것이 꽤 중요하다. 아울러 인사명령과 시상 역시 직원들이 모두 모인 자리에서 진행하는 것이 좋다. 그런 경우 임명장과 상금을 수여받는 직원은 그 순간을 절대 잊지 못한다.

3월 정기모임 때 나는 새로 진급한 사람들에게 임명장을 수여하고, 지난 해 하반기에 성과가 높았던 부서와 직원들에게는 인센티브를 주었다. 아직 대기업처럼 큰 회사는 아니지만, 공식적인 행사로 진행되는 만큼 자못 분위기도 정연하고 약간의 긴장감도 더해졌으며 꽤나 극적인 순간을 만들어냈다.

"후이즈의 미래가 바로 여러분의 손에 달려 있으니, 내년에도 우리 파이팅합시다!"

그때 이후로 지금까지 매년 초면 나는 어김없이 단상에 선다. 여기서 중요한 점은 비전과 목표는 수시로 체크해야 달성이 쉬워진다는 것이다. 때문에 후이즈는 매달 한 번 전체 회의를 통해 그달의 미션 달성 여부를 확인하고, 7월에 상반기 결산을 한 후 다시

하반기를 시작한다. 비전만 제시하고 체크를 하지 않으면 해이해질 수 있기 때문이다.

특히 우리 회사에는 2개의 상이 있다. 하나는 '후이즈 인재상'이고, 두 번째는 연말에 수여하는 '후이즈 감사상'이다. '후이즈 인재상'은 후이즈의 인재관에 대해 직원들이 투표를 하여 결정한다. 즉, 각각의 인재관을 항목별로 만들어 전 직원이 그 항목에 적합한 인재에 대해 투표를 하도록 하였다. 그런 다음 각 부문별로 가장 많은 득표를 한 직원에게 우수상과 상금을, 그리고 최종 전체 점수 합산의 가장 높은 득표자와 차순위 득표자에게 각각 대상과 최우수상을 시상하는 것이다. '후이즈 감사상'은 한 해를 보내면서 자신에게 가장 고마웠던 사람에게 투표하도록 해서 결정한다. 각 사업부 단위로 한 명씩 선출한 뒤 그들을 대상으로 투표하도록 하여 여기에서 대상과 최우수상을 각각 뽑아 상장과 상금을 지급하는 것이다.

이처럼 직원들 스스로 투표에 참여하는 방식으로 진행하면, 여기서 뽑힌 직원은 그것을 평생 잊지 못할 기억으로 간직한다.

후이즈는 IT업계에서 이직률이 가장 적은 회사 중 하나에 속한다. 현재 팀장급과 핵심 기술진들은 초창기부터 지금까지 10년 이상 함께해오고 있으니 거의 가족과 다름없다. 큰 수업료를 치른 후에 얻은 보석과도 같은 핵심 인재들이다.

팀장의 리더십이
조직에 생동감을 준다

각 사업부 단위의 수석팀장들이 조직 속에서 자신의 리더십을 발현하는 것은 매우 중요하다. 왜냐하면 직원 규모가 30명만 넘어가도 사장이 각 사업부 단위의 직원들까지 모두 챙기기가 어려워지기 때문이다.

결국 각 사업부 단위의 팀장들에게 위임할 수밖에 없는 상황이 생기는데, 이때 각 사업부 단위의 수석팀장들이 자신의 리더십을 발휘할 수 있어야 조직이 생동감 있게 움직일 수 있다.

여기서 사장의 역할은 수석팀장들이 회사의 비전과 사업전략, 그리고 업무시스템의 발전 방향을 충분히 공유할 수 있도록 지도하는 것이다. 또한 그들이 팀원의 생각과 의견을 하나로 모아 움직일 수 있도록 조정하는 역할도 해야 한다.

사장의 나이는 숫자에 불과하다

내가 사업을 시작한 나이는 딱 서른이었다. 당시 서른은 사업하기에 꽤 어린 나이였다. 물론 요즘에는 대학교 재학 중에 사업을 시작해 억대 매출을 올리는 젊은 청년들이 성공 CEO의 대열에 합류하는 경우도 종종 있기는 하다. 이들에 비하면 서른이 적지 않

은 나이일 수 있겠지만, 그래도 직원들 앞에서 권위를 내세우기에
는 좀 겸연쩍은 나이인 게 사실이다.

창업 초기에 뽑았던 직원들과는 두세 살 차이밖에 나지 않았을
뿐더러 외관상 나는 나이보다 조금 어려 보이는 편이어서, 외부인
이 보면 누가 직원이고 누가 사장인지 구분이 어려울 정도였다.

직원들이 겉으로 표현은 안 했지만 내심 나를 편안한 대학 선배
나 친근한 고향 오빠 또는 형처럼 생각하는 듯했다. 물론 나는 이
러한 관계 형성이 싫지는 않았다. 성향상 누구 위에 군림하면서
위압적인 분위기를 내는 것을 좋아하지도 않았고, 직원들하고도
스스럼없이 편하게 지내는 게 원래 내 스타일과도 잘 맞았기 때문
이다.

지금도 나는 사업을 할 때 사장의 나이는 그렇게 중요하지 않다
고 생각한다. 나이가 적든 많든 사업에 대한 진정성과 분명한 로드
맵이 있다면 직원들에게 충분히 신뢰를 얻을 수 있다는 것이 나의
개인적 소견이다.

물론 인생 경험치에서 배어 나오는 중장년층 특유의 연륜이 부
족하다는 건 스스로도 잘 알고 있기에, 직원들에게 인생에 도움이
될 만한 이야기를 많이 들려주지 못해 아쉽고, 그래서 무한한 존
경심 같은 것도 기대하지 않는다. 단지 그들에게 내가 '믿고 함께할
수 있는 리더'라는 확신을 주고 싶을 뿐이다.

기꺼이 직원의
안줏거리가 되어주자

후이즈는 전 직원 모두가 사내 메신저로 업무 소통을 한다. 나 역시 예외는 아니다. 어느 날 평소 내가 신임하는 개발팀장이 내게 말을 걸어왔다.

"야, 우리 사장 상태가 좀 심각해. 내가 열심히 하겠다고 했더니 오늘 아침에 또 일을 주더라? 왜 자꾸 나한테만 일을 주는 거냐고!"

사실 그는 동료에게 내 험담을 할 생각이었는데, 실수로 사장인 나한테 말을 건 것이었다. 당황스럽고 좀 화가 나기는 했지만 내심 장난기가 발동해서 그대로 지켜보고 있었다. 한참 동안 답변이 없자, 그는 이상한 낌새를 느낀 듯했다.

"너 ㅇㅇㅇ 아니니?"

"저…… 누구시죠?"

"어, 나야 나. 사장."

"앗, 사장님. 그게 아니라, 저…… 정말 죄송합니다. 죄송합니다."

그의 등줄기에서 굵은 땀이 주르륵 흐르고 있을 생각을 하니 좀 안쓰러워졌다.

"괜찮아. 나도 회사생활을 6년 가까이 해봤는데 이런 거 하나 이해 못하겠냐. 그런데 진짜 오해하지 마라. 너에게 도움이 될 만한 중요한 프로젝트라고 생각해서 맡긴 일이니까, 오해는 없기 바래."

"네, 그럼요. 정말 죄송해요."

"아니야. 마음 쓰지 말고 일 보셔요~^^"

이렇게 다독였더니, 그 팀장은 이후 기대 이상의 성과를 내주었다. 그때 내가 순간의 화를 참지 못하고 괘씸죄를 적용했더라면, 아마 그는 발군의 실력을 발휘하기 어려웠을 것이다. 우연찮게 직원들의 험담을 전해 들었다 해도, 사장이라면 좀더 대범하게 생각하고 아량을 보여줄 필요가 있다.

직원을 내 편으로 만드는 비결

"우리 부장 좀 째째하지 않아?"

"사람이 너무 정치적이야. 상사에게는 잘하는데, 부하직원에게는 좀 심한 것 같아."

직장에 다니던 시절, 상사에 대한 뒷담화는 직원들 회식자리에서 꼭 등장하는 안줏거리였다. 지금 생각해보면, 딱히 흠잡을 일도 아니었는데 직원들끼리 모이기만 하면 습관적으로 상사에 대해 그런 식으로 험담을 늘어놓았던 것 같다.

한참 그렇게 말하다 보면 일주일치 스트레스가 풀리는 듯한 기분이랄까. 어디 그뿐이랴. 사람 심리란 게 묘해서 공공의 적이 생기면 이상하게 직원들끼리 끈끈하게 단결되는 맛도 있다. 세상에

허물없는 사람은 없는 법이고, 아랫사람의 입장에선 어쩔 수 없이 기분 상하는 일이 생길 수밖에 없다. 그러니 직원들의 도마 위에 올라야 하는 게 사장이나 상사의 운명이 아닐까 싶다.

그런데 내가 막상 사장이 되고 보니, 직원들이 나에 대해 어떤 생각을 갖고 있고, 무슨 말을 주로 하는지 궁금해지기 시작했다. 분명 사무실에서 직원들이 떠드는 소리가 들렸는데 내가 들어서니 갑자기 쥐죽은 듯 고요해지거나, 휴게실에서 직원들이 담배를 피우면서 낄낄대고 웃으면 '혹시 내 흉을 보는 게 아닐까?' 하면서 몰래 엿듣고 싶기까지 했다. 세상에 비밀이 없듯, 말들이 돌고 돌아 내 귀에까지 들려오면 맘이 편치 않았다. 게다가 그러한 말들 중에는 정말 억울해서 항변하고 싶을 정도로 직원들의 오해를 사고 있는 것들도 있었다.

그렇다고 사장이란 사람이 직원들 사이에서 오간 얘기에 대해 '너희들이 그런 얘길 한 모양인데, 사실은 그게 아니고 말야……'라면서 변명하는 것도 참 구차하지 않은가. 그래서 어느 순간부터는 그냥 맘을 편히 먹기로 했다.

'그래 기꺼이 직원들의 안줏거리가 되어 주자!'

이렇게 결심하니 오히려 마음이 느긋해졌다. 직원들이 흉보는 일에 온 신경을 곤두세우다 보면, 소심하고 쪼잔해지는 건 시간 문제일 것 같았다.

설령 사장 개인의 일거수일투족이 종종 직원들의 안줏거리가 될지라도 '그래도 우리 사장, 능력 있고 믿을 만한 사람이야'라는 확신을 갖게 해주면 된다. 뚜렷한 비전을 제시하고 거기서 확실히 무언가를 끌어낼 때, 또 직원들에게 말이 통하는 상대가 되어줄 때 그 믿음이 생긴다는 사실만 잊지 않으면 될 것이다.

협동에 관한 예절은
따로 있다

나는 직원들과 밥을 잘 먹지 않는다. 외근이 많기도 하지만, 설령 사무실에서 내근을 하더라도 그렇게 하는 편이다. 물론 사업 초창기에는 거의 직원들하고 같이 밥을 먹었다. 식사하러 나가지 않고 남아 있는 직원이 있으면 "밥 먹으러 가자"고 하면서 같이 나가 식사를 하곤 했다. 그런데 나중에 이걸로 서운함을 드러내는 직원들이 생기고 말았다.

"왜 사장님은 김 대리랑만 밥 먹어? 김 대리만 특별히 편애하시는 거 같아."

아무리 직원들 뒷얘기는 신경을 안 쓴다고 하지만, 특정 직원을 편애한다는 오해는 좀 곤란했다. 자칫 직원들 사이에 불필요한 서먹함이 생겨 좋지 않은 상황들이 빚어질까 염려스러웠기 때문이다.

음악으로 호흡 척척, 후이즈 사내 밴드

그래서 직원들과의 친목은 치우침 없는 공정한 방법으로, 즉 공식적인 자리를 통해서 다지기로 했다. 우선 비공식적인 모임이나 회식에는 가능한 참석을 자제했다. 대신 각 사업부 단위의 정기적인 회식에 참석해 사기를 북돋워주곤 했다. 물론 회사 규모가 커진 뒤에는 이마저도 챙기기가 쉽지 않았다.

또한 전체 사업부의 팀장 회식을 최소한 분기별로는 정해서 각기 다른 부서의 팀장들이 서로 친해질 수 있는 시간을 마련해주었다. 그러면서 한편으론 조금 더 즐거운 '거리'를 만들어서 활력을 줄 수 있는 방법을 고민했다.

나의 경우 취미가 기타 연주이다. 노래를 곧잘 해서 어떤 유명 작곡가로부터 곡을 줄 테니 가수를 해보는 건 어떻겠느냐는 제의를 받은 적도 있다. 그런데 직원들 중에 의외로 음악을 수준급으로 즐기는 친구들이 있다는 사실을 알았다. 드럼을 칠 줄 알거나 키보드를 연주하는 친구들이 있길래 슬쩍 그들에게 물어보았다.

"우리 사내 밴드 하나 만들어볼까?"

"사장님은 뭘 하실 줄 아는데요?"

"나? 노래도 좀 하고, 기타도 칠 줄 알지."

"와, 정말요?"

모두들 반색하며 환영했다. 그렇게 5명 정도가 모여 락밴드를 구성했다. 밴드 이름은 '후이즈밴드'. 모임이 결성된 시기가 10월 쯤이라 송년회 때 기념 공연을 하기로 하고, 1~2주에 한 번 정도 퇴근

후 시간을 맞춰 연습했다. 업무를 마치고 다들 지친 시간이기는 했지만, 모두 음악을 즐기고 좋아했던 터라 연습 시간만큼은 생기발랄하게 변했다.

꾸준히 연습한 곡으로 드디어 송년회 기념 공연을 시작했다. 회사 대회의실에서 진행된 공연은 뜨거운 호응을 받았고, 때마침 '이색 송년회'라는 테마로 취재를 나온 KBS와 MBC 방송팀의 방문 덕분에 그 열기는 더해졌다.

밴드 결성은 단순 친목회 이상의 효과를 냈다. IT 회사가 다루는 프로세스와 프로그램들은 궁극적으로 사람을 위한 것이기 때문에 프로그래머들은 창의력과 감성을 풍부하게 지닐 필요가 있다. 좋은 음악이 무미건조한 일상에 단비 같은 존재가 되는 것처럼 밴드 활동은 그런 부분을 채워주는 충분한 요소였다. 아울러 사장과 직원, 직원과 직원 사이의 호흡은 팀 프로젝트 진행에서 매우 중요한데, 이 밴드를 통해 은연중에 우리는 그 훈련을 지속해가고 있는 셈이었다.

체력도 다지고 배려심도 키우고

또 한편으로 내가 생각한 친목거리는 체육대회와 산행, 그리고 축구동호회였다. 어떤 일이든 다 그렇지만 IT 관련 업무도 사무실 책상에 앉아 머리를 많이 쓰는 일이다 보니 좀처럼 몸을 움직일 기회가 많지 않다. 그래서 봄에는 체육대회, 가을에는 산행을 일부러라도 회사의 정기 행사 프로그램에 넣고, 일부 직원들을 부추

겨 축구동호회도 만들도록 했다.

체육대회까지는 괜찮지만, 산행까지 가자고 하니 '난 반대'라고 얼굴에 쓰여진 친구들이 꽤 있었다. 하지만 그런 친구들도 막상 산에 올라 상쾌한 산 공기를 마시고 나면 얼굴 표정이 달라졌다. 게다가 산행은 서로 도와주고 배려하는 마음도 함께 키워주었다. 다만 첫 번째 산행에서 일부 직원들이 너무 뒤처지는 바람에 일정에 큰 차질이 생겨 그다음 해부터는 8명씩 한 조를 만들어 조원들끼리 서로 체크해가며 산행을 돕도록 했다. 직원들끼리 서로 부축하고 이끌어준 추억은 이후 사무실 분위기를 더욱 화기애애하게 만들었다.

축구동호회도 회사의 화합에 한몫을 했다. 축구가 원래 팀웍과 전략·전술이 매우 중요시되는 운동인지라, 자연히 구성원들에게 팀웍과 전략의 중요성을 일깨워줄 수 있었다. 관계는 보다 친밀해지고 단결하는 마음까지 이끌어내니 일석이조의 성과였다.

사장은 항상 직원 모두를 공정하게 대해야 한다. 물론 업무 실적이 좋은 직원들에게는 차등 대우가 필요하겠지만, 이 역시 연봉이나 인센티브로 보상해야 할 일이지 사적으로 친하다는 티를 내서는 곤란하다. 친목의 가장 중요한 목적은 모든 직원이 서로 격려하고 협력하며 조화를 이루는 것이다. 회사 성격에 맞춰 다양한 동호회나 모임을 결성해보는 것이 생각지 못한 긍정적인 결과물을 안겨줄지도 모른다.

안 좋은 일이 있더라도,
회사에선 웃어라

자공이 스승 공자에게 "정치란 무엇입니까?"라고 물었다. 이에 공자는 "무기와 식량을 풍족하게 하고 백성들에게 믿음을 주는 것이다"라고 답했다. 자공이 또 "하나를 버려야 한다면 무엇을 버려야 합니까?"라고 묻자, 이번에는 "무기를 버려라"라고 답했다. 마지막으로 자공이 "남은 둘 중 하나를 버려야 한다면 무엇을 버려야 합니까?"라고 묻자 공자는 이렇게 말했다. "식량을 버려라. 믿음을 잃으면 정치는 설 수가 없다."

『논어』의 한 대목이다. 이는 비단 정치뿐 아니라 사업에도 그대로 적용되는 말인 것 같다. 사장은 직원들에게 믿음을 줄 수 있는 존재여야 한다. 직원의 믿음을 잃게 되면, 회사는 풍랑에 이리저리 휩쓸리는 배의 신세와 다를 바 없다.

믿음을 주는 방법은 여러 가지겠지만, 그중 하나는 바로 사장이 자신의 감정을 잘 조절하는 것이다. 개인적으로 좋지 않은 일이 생겼을지언정, "오늘 사장님 기분이 별로인 듯하니 각자 조심들 하자"라는 말이 나오지 않도록 회사에 와서는 되도록 기분이 언짢은 티를 내면 안 된다.

나 역시 회사를 다니던 시절 사장의 기분이 안 좋은 것 같으면 직원들하고 속닥거리며 윗사람 눈치를 보곤 했다. 그렇게 되면 사내 커뮤니케이션이 원활하게 되지 않으면서 그날의 업무 효율성은 떨어지고 만다. 그러니 사장의 당일 기분이 어떠냐에 따라 하루 매출이 달라진다는 말은 결코 과장이 아닌 것이다.

속마음을 감춘 5년

나는 둘째가라면 서러울 정도로 천성이 낙천적인 탓에 아무리 기분 나쁜 일이 있어도 며칠 지나면 다 잊어버리고 만다. 아마도 부모님께 물려받은 최고의 유산은 바로 이런 낙천성이 아닌가 싶다. 그래서 사업을 시작할 때 항상 신나고 밝은 회사를 만들고 싶었다.

회사는 리더의 성격을 고스란히 닮게 되는 것 같다. 때문에 후이즈는 이런 나의 성향을 닮아 꽤나 밝은 회사라고 자부한다. 하지만 그런 나도 10년 넘게 사업을 하면서 이런저런 우여곡절을 겪었고, 바닥을 치는 우울한 감정이 어떤 것인지도 제대로 느껴봤다.

막 시작할 무렵 후발업체에게 아이디어를 도용당해, 근 1년간 법정공방을 벌여야 했던 것이 첫 시련이라면 시련이었다. 너무나 어이없는 사건이었고 결론 역시 억울할 만큼 황당하게 났지만, 지금 생각해보면 그 정도의 시련은 단편적인 것에 불과했다.

그 후로 몇 년이 지나서는 급하게 돈을 끌어다 쓰는 바람에 5년 내내 급여 전부를 빚 갚는 데 써야만 했다. 당시 소유하고 있던 개인 집도 팔고 목돈 한 푼 없이 버티던 시절이었다. 그래도 거기까

지는 참을 만했다. 설상가상으로 돈을 꾸어 준 사람과 우리 직원
의 횡령사건에 연루되는 바람에 5년간 법정공방을 치러야 했을 때
는, 사업을 시작한 이래 가장 힘든 순간이었다. 워낙 낙천적인 성
격이라 신경성 질환이 뭔지도 모르고 살았었는데, 원형탈모를 겪
을 만큼 당시 상당한 스트레스를 받았다.

죄가 없어 떳떳함에도 불구하고 한 달에 몇 번씩 법정을 드나드
는 일이 지속되니, 나도 모르게 '내가 정말 죄를 지은 건 아닐까?'
하는 생각까지 들었다. 그런 상황이다 보니, 아침에 눈 뜨는 것 자
체가 고통이었다.

사장은 홀몸이 아니다

하지만 이런 역경 속에서도 출근을 하면 세상에서 가장 밝은 표
정을 가진 사람으로 변신했다. 리더는 결코 홀몸이 아니라는 생각
에서였다. 아무리 임산부가 컨디션이 엉망이고 입맛이 없더라도,
태아의 건강을 위해 잘 먹고 좋은 생각만 해야 하듯이 말이다.

이미 한 배를 탄 선원들에게 흔들림 없는 모습을 보여줘야 회사
에 탈이 나지 않을 것 같았다. 때문에 나는 그 지난하고 힘겨웠던
5년 동안, 내가 처한 그 최악의 상황을 100명이 넘는 직원 중 그
누구에게도 알리지 않았다. 돈을 빌릴 때도 개인의 이름을 사용해
회사의 부실을 대신 떠안는 구조로 진행했으니, 회사 회계팀에서
도 알 수 없었다. 법원에 드나들 때는 직원들에게는 개인적인 볼일
을 보거나 거래처에 가는 것처럼 태연스레 행동했다. 회사의 모든

공식 행사 또한 차질 없이 진행시켰다.

창립기념일이나 송년회 자리에서도 변함없이 기타를 메고 직원들 앞에서 노래를 열창했고, 회식이나 워크숍에도 꼭 참석해 직원들과 함께 시간을 보냈다. 참으로 외롭고 고통스러운 시간이었지만, 지금 돌이켜 보면 내 자신이 새삼 대견하게 느껴진다. 사장이 채권자에게 시달리고 매달 정기적으로 법원에 가서 조사를 받는다는 걸 직원들이 알았다면 얼마나 불안했을까. 생각만 해도 끔찍하다.

기쁨은 나누면 두 배가 되고 고통은 나누면 절반으로 줄어든다는 말이 절대적으로 맞지는 않다. 기쁨이야 직원들과 나눌수록 커지겠지만, 고통은 꼭 그렇지만은 않기에 그 고통을 홀로 떠안는 리더는 외로울 수밖에 없다. 그래도 직원들이 회사를 믿고, 사장을 믿고, 업무에 좀더 집중하도록 하려면 사장은 한결같은 모습을 보여주어야 한다. 사장의 개인적인 상황 때문에 직원들 마음까지 불편하게 하는 것은 장기적으로 믿음을 손상시키는 일이기 때문이다.

- **전략기획:** 비즈니스모델(Business Model) 전략을 기획할 수 있어야 한다. 즉, 기존의 비즈니스 환경을 바꿀 수 있는 비즈니스모델을 기획할 수 있어야 한다.

- **재무회계:** 재무제표를 이해하고, 팀 단위 혹은 사업부 단위의 매출과 순익, 비용구조에 대한 전체적인 리뷰를 할 수 있어야 하며 예산기획, 예산집행 및 종합적인 비용 관리를 할 수 있어야 한다.

- **인사총무:** 성과평가시스템의 입안을 할 수 있어야 하며, 조직 문화를 셋업할 수 있어야 하고, 법률 마인드가 필요하며, 구매관리 통제를 할 수 있어야 한다.

- **R&D:** 핵심 기술을 이해하고, 그 기술의 발전 방향과 R&D 방법론을 이해하여야 하며, R&D 기술 인력을 리드할 수 있어야 한다.

- **SCM:** 협력업체관리 체제를 셋업할 수 있어야 하며, 협력업체 아웃소싱 및 딜스트럭쳐(Deal Structure)에 대한 이해가 필요하다.

- **생산관리:** 생산관리의 핵심은 전체적인 생산계획 및 재고수량의 연관성, 생산관리 업무프로세스의 리엔지니어링 기획력이다.

- **홍보마케팅:** 기본적으로 해당 분야의 전문적인 콘텐츠를 집필할 수 있어야 하고 그 콘텐츠를 언론 기사화하는 노하우와 브랜드 전략에 대한 이해 및 광고 기획 마인드를 갖추어야 하며, 세일즈 프로모션 및 세일즈 방법론에 대한 풍부한 경험을 쌓아야 한다.

- **영업관리:** 영업 프로세스에 대한 전체 과정을 잘 이해하고 있어야 하고, 영업 직원들에 대한 체계적인 관리 시스템과 보상 체계가 셋업되어 있어야 한다. 그리고 킬러 앱(Killer Application, 시장에 등장하자마자 경쟁상품을 몰아내고 시장을 완전히 재편할 정도의 인기를 끌며 투자비용의 수십 배 이상 수익을 올리는 상품이나 서비스)이 있어야 한다.

- **CRM:** 체계적인 고객화를 위한 고객관리시스템을 기획·설계할 수 있어야 하며, CRM 요원들에 대한 체계적인 업무 매뉴얼과 교육 자료를 작성할 수 있어야 하고, 실제 교육 과정에 대한 기획 및 교육 진행을 할 수 있어야 한다.

- **IT&업무시스템:** 대부분의 비즈니스 리더들이 IT에 대해 문외한이며 깊이 있게 알려고 하지 않는다. 하지만 IT는 조직원의 생산성을 급속하게 배가할 수 있는 강력한 무기이다. 따라서 IT 활용 기술을 깊이 있게 이해하고 있어야 하며 전체적인 업무 설계 및 업무 프로세싱을 기획할 줄 알아야 한다. 또한 이것을 IT 솔루션으로 구현할 수 있을 정도의 기술 기획 능력을 보유해야 한다. 또한 문서관리 체계에 대한 분명한 이해를 가지고 문서의 생성·활용·보관·폐기의 전 과정을 기획할 수 있어야 한다.

흔들리지 않는 모습을
보여라

① 몇 년간 잠시 반짝했다가 사라질 사업 아이템이 아니라는 확신을 주어야 한다. 회사의 성장잠재력이 어느 정도인지 직원들에게 분명히 이해시킬 필요가 있다.

② 명확한 비전을 가지고, 직원들에게 회사의 성장과 위기 돌파에 대한 믿음을 주어야 한다. 그러려면 회사의 독보적인 사업전략과 전술에 대해 직원들의 충분한 공감을 얻는 과정이 우선이다.

③ 수석팀장들이 회사의 비전과 사업전략, 업무시스템의 발전 방향에 대해 충분히 공유할 수 있도록 지도해야 한다. 또한 그들이 팀원의 생각과 의견을 하나의 목표로 모을 수 있도록 도와줘야 한다.

④ 일거수일투족이 종종 직원들의 안줏거리가 될지라도, 그들이 '그래도 우리 사장, 능력 있고 믿을 만한 사람이야.'라는 확신을 갖고 있다면 크게 신경 쓰지 않아도 된다.

⑤ IT 회사가 다루는 프로세스와 프로그램들은, 궁극적으로 사람을 위한 것이다. 때문에 프로그래머들의 창의력과 감성을 풍부하게 만들어줄 필요가 있다.

⑥ 직원들로 하여금 회사를 믿고 업무에 좀더 집중하도록 하려면, 그들에게 한결같은 모습을 보여주는 것이 중요하다. 개인적인 상황 때문에 직원들 마음을 불편하게 하는 일이 반복되면 불신이 커질 수도 있다.

[인재를 보는 눈]

옥석이 될 원석을 알아보라

직원의 히스토리를
살펴라

단 몇 분의 면접으로 함께 일할 직원을 뽑는 것이 결코 쉬운 일은 아니다. 이력사항과 자기소개서의 내용이 그럴듯해 뽑았는데 실제로 일을 같이해보면 서류상의 얘기가 조금은 과장이었음이 드러날 때가 많았다. 그래도 여러 사람을 만나다 보면, 이 지원자야말로 우리 회사에 꼭 필요한 인재란 확신이 올 때가 있다. 그런 확신을 얻기 위해 면접 때 내가 반드시 던지는 질문이 있다.

"드림 히스토리를 얘기해보세요."

"네? 드림 히스토리요?"

"음, 그러니까 본인의 꿈에 관한 기록을 말하는데, 지금까지의 꿈과 그런 생각을 하게 된 계기가 무엇인지 하는 얘기를 과거, 현재, 미래 순으로 자연스럽게 해주시면 됩니다."

그리던 꿈이 모두 실현되기는 어렵다. 최선이 아닌 차선을 선택해야 할 때도 많다. 하지만 중요한 것은 현실이 꿈을 위한 지렛대 역할을 하고 있느냐는 것이다.

면접자의 꿈에 집중하는 면접

한 지원자는 원래 화가가 되려 했지만 아버지의 사업 실패로 가정 형편이 어려워지자 시각디자인과로 전향해 웹디자이너가 되었다고 했다. 그런데 막상 웹디자인을 해보니, 그 순간에 자신이 살아 있음을 느꼈다고 한다. 이 지원자의 꿈은 웹디자인과 종이 그림을 접목한 작품 전시를 하는 것으로 바뀌어 있었다. 이렇게 한 개인의 '드림 히스토리'를 듣다 보면, 그가 일에 대한 열정을 얼마나 갖고 있는 사람인지를 파악하기가 쉽다.

사업은 사람이 재산이다. 자신의 꿈과 비전에 대한 열정이 가득한 직원은 회사의 보배가 될 가능성이 크다. 결국 이 지원자는 회사의 서류 전형과 면접 시험에 합격해 우리 회사의 디자이너가 되었고, 나는 그녀가 원하는 교육을 받을 수 있도록 물심양면으로 지원해주기로 했다. 교육비 지원은 물론 능력이 출중한 상사에게 노하우를 전수받을 수 있게 했으며, 종종 실력도 점검하고 더 잘할 수 있도록 독려해주었다.

직원이 커가는 과정을 지켜보는 건, 어쩌면 자식을 키우는 부모의 심정과도 같을 것이다. 물론 열 손가락 깨물어 안 아픈 손가락은 없겠지만 그래도 몰라보게 빨리 성장하는 직원이 내심 더 자랑스러워 보이는 법이다. 부모의 마음도 그러하지 않는가.

하지만 그렇지 않은 지원자도 있었다. 시각디자인과 전혀 무관한 전공자가 디자인을 시작한 경우엔 당연히 "왜 디자인으로 업종 전환을 했나요?"란 질문을 하게 된다. 그런데 이때 "그나마 다른 직종보다 취업의 기회가 많은 것 같아서요"라는 식의 대답이 돌아온다면 그 지원자는 당연히 탈락이다. 일이란 본디 재미있고 적성에 맞아야 능력이 제대로 발휘되는 법인데, 단지 생계적인 이유로 일을 하는 사람은 평균을 뛰어넘지 못하기 마련이다.

"어떤 회사가 좋은 회사라고 생각하세요?"란 질문을 던졌을 때, 자신의 최종 꿈을 위한 여정에서 지원한 회사가 어떤 역할을 해주기 때문이라는 확신이 있는 면접자가 좋다. 그런 사람은 자신의 인생 플랜이 머릿속에 명확히 있다는 얘기이기 때문이다. 최악의 답변은 "월급 많이 주는 회사요"다. 물론 연봉이 중요한 기준이긴 하지만, 꿈을 좇을 나이에 그것을 1순위 기준으로 둔다는 것은 안타까운 일이다.

결국 사람을 키운다는 건 그 사람의 꿈을 만들어준다는 의미이기도 하다. 회사란 직원이 꿈을 그릴 수 있는 도화지 같은 곳이 되어야 한다. 꿈을 키워가는 사람의 그림은, 현재는 비록 미숙해보일지 몰라도 시간이 지나면서 결국 멋진 작품이 되기 마련이다.

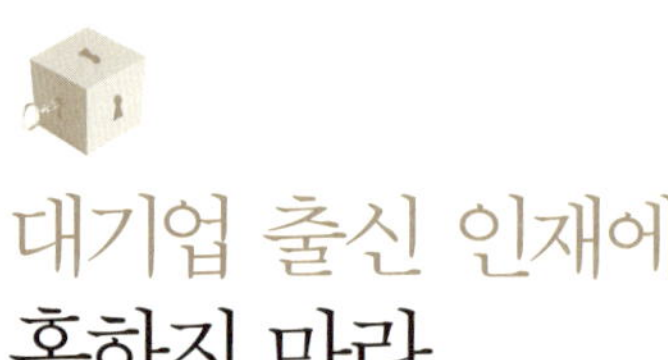

대기업 출신 인재에
혹하지 마라

왠지 대기업 출신의 인재라고 하면 일을 잘할 것 같다는 생각이 든다. 하지만 대기업에서 체계적인 훈련을 받았기 때문에 일을 잘 풀어갈 것 같아도 중소기업의 환경은 대기업 환경과는 다르기 때문에 똑같은 인재라도 전혀 다른 결과를 가져올 수 있다.

대기업이 정규전을 벌인다면 중소기업은 게릴라전을 한다고 볼 수 있다. 게릴라전에 익숙하도록 훈련받은 사람은 정규전도 그럭저럭 소화해낼 수 있겠지만, 정규전에만 맞춰 훈련된 사람이 게릴라전에 투입되었다가는 허둥지둥 그대로 즉사하기 십상이다. 중소기업에서는 한 사람이 여러 종류의 일을 동시에 해야 하는 경우가 많고, 불시에 해결해야 할 과제까지 툭툭 튀어나온다. 그러므로 대기업의 체계적인 업무 환경에서 일을 했던 사람이 중소기업에 오게 되면 체계도 없고 주먹구구식이라고 생각하게 될 것이다.

그렇지만 중소기업은 어쩔 수가 없다. 대기업 역시 그러한 조직 체계가 하루아침에 형성된 것은 아니다. 수십 년의 축적된 경험이 조직 속에 녹아내린 덕분에 가능한 것이다. 이렇게 대기업과 중소기업은 형성배경과 내력이 다를 수밖에 없다. 따라서 이를 인지하고 함께 적응해갈 수 있는 인재를 찾아야 한다.

나무만 보는 인재 VS 숲도 볼 줄 아는 인재

나 역시 대기업 건설회사에서 5년 8개월을 근무했다. 만약 거기서 더 오래 근무를 했더라면 아마도 중소기업을 잘 이끌어가기는 어려웠을 것이라고 생각한다. 그나마 그 기간에 방송국 건설, 군부대의 본부 건물과 강당 및 식당 건설 등 다양한 현장 경험을 쌓았고, 국제표준화기구인 ISO의 인증 컨설팅 업무를 수행하면서 인터넷이라는 것도 처음 접할 수 있었다.

대기업에서는 대부분의 직원들이 한 부서에 배치가 되면 동일한 업무를 몇 년씩이나 계속하게 되는데, 작은 회사에선 절대 그렇지 않다. 1명이 적어도 10명의 역할을 해줘야 한다. 예를 들어, 홍보기획과 광고를 전담하는 직원이라면 기존 홍보 기획안 검토 및 신규 기획안 작성, 기자 섭외, 이벤트 실행, 적절한 카피 뽑기, 디자인 컨셉의 도출과 인쇄 감리까지 모든 사안을 총괄할 수 있어야 한다.

대기업에서는 이러한 모든 업무가 내부 직원들 또는 하청 업체로 세분화되기 때문에 한 사람이 직접 모든 일을 총괄할 필요가 없다. 따라서 대기업의 인재들은 자연히 전체적으로 총괄하는 능력이 떨어질 수밖에 없다.

나도 대기업 출신의 스펙 좋은 직원이 일도 잘 할 것이라는 선입견으로 이런 사람을 임원급으로 뽑은 적이 있다. 내 입장에서는 대기업에서 잘 훈련된 인재가 기존에 받았던 급여보다 더 적게 받으면서까지 우리 회사에 들어와 일을 해준다고 하니, 감지덕지할

따름이었다. 그런데 그는 업무를 제대로 진척시키지 못했다. 회사의 업무 시스템에 대한 불만을 계속해서 토로하는 그에게 나는 이렇게 말했다.

"나무만 보지 말고 숲을 봐야지. 숲에 대한 이해가 없이는 나무의 존재 의미를 제대로 이해할 수 없는 법이야."

하지만 수년간 몸에 밴 큰 조직의 업무 스타일이 한순간에 없어질 리는 만무하다. 더 심각한 점은 왜 자기가 굳이 숲 전체를 봐야 하는지 그 자체를 납득하지 못한다는 것이었다.

"맡은 일만 잘하면 되지, 굳이 제가 전체 그림까지 알아야 하는 건가요?"

결국 대기업에서 오랫동안 근무했던 그 직원은 다른 직원들의 업무를 가중시키며 졸지에 무능한 직원이 되어버렸다. 이는 그 직원이 실제로 무능해서가 아니라 전적으로 대기업과 중소기업의 시스템이 다르기 때문에 일어나는 문제다. 결국 내가 내린 결론은, 굳이 대기업 출신 직원에게서 답을 찾을 필요는 없다는 것이다. 오히려 작은 규모의 회사에서 착실히 경력을 쌓아온 친구들이 훨씬 더 발군의 능력을 발휘할 수 있다.

그도 아니라면 차라리 백지 상태의 신입사원을 뽑는 것이 장기적으로는 더 나을 수 있다.

손 흔들어봐야 소용없다

아주 최악의 경우를 제외하고는, 한번 뽑은 직원과는 가능한 함께 끝까지 가는 게 좋다. 특히 기술 중심 회사에서는 사람이야말로 가장 큰 자산인데, 자주 바뀌게 되면 그만큼 손실이 크다. 효율 면에서도 그렇다. 직원을 뽑는 것 자체가 회사 입장에서는 시간과 비용을 들여야 하는 일이므로 다시 뽑아야 할 땐 그만큼의 손실을 감수할 수밖에 없다. 하지만 요즘 세상에 한 직장에 뼈를 묻으려고 하는 직원들이 얼마나 있겠는가. 그럼에도 불구하고 사장은 직원들을 붙잡아두기 위한 구애를 아끼지 말아야 한다.

나 역시 초반에 미숙함으로 인재들을 여럿 놓치는 바람에 고생을 많이 해야 했다. 회사가 허점을 보이면, 가장 먼저 등을 돌리는 것은 애석하게도 우수 인재들이다. 그러니 평소 직원 관리를 세심하게 해둘 필요가 있다. 직원의 머릿속과 오너의 머릿속은 다른 수레바퀴가 돌아간다. 그래서 때때로 직원들은 오너가 전혀 예상치 못한 사유로 회사를 떠나기도 한다.

연봉테이블에서 긴장감을 줄여라

이제까지 인사 관련 서적만 30권 넘게 읽어왔지만 대부분이 대기업에 적용되는 사례이거나 중소기업이라 하더라도 일본 등의 해외 사례가 많아서, 한국의 중소기업에 적합한 급여제도에 대해서는 확실한 대안을 찾을 수 없었다.

요즘은 대기업뿐 아니라 작은 회사들도 인사급여제도로 연봉제를 채택하고 있어, 연봉제가 완전히 정착한 것처럼 느껴진다. 후이즈 역시 회사를 설립할 당시에는 연봉제를 도입했었다. 그땐 그것이 마치 외국의 선진 인사시스템을 도입한다는 느낌을 주었다. 하지만 중소기업에서 사장과 직원이 급여를 두고 협상한다는 것은 정말이지 낯선 일이었다. 설사 연봉제를 도입했더라도 실제에 적용하면서 폐해가 나타나기도 했다.

예컨대 인사 담당자가 초반의 협상에서는 매우 방어적이고 적극적으로 나올 수 있다. 그런데 협상이 지속되면 담당자도 지치기 때문에 후반의 협상을 다소 느슨하게 진행시킬 수가 있다. 상대적으로 후반에 협상한 직원들이 급여가 조금 더 높게 책정되는 경향까지 생기게 된다. 그 결과 회사의 협상안을 그대로 받아들인 직원들은 손해를 보고, 끝까지 자기 가치를 높이려는 직원들에게는 더 많은 급여가 지급되는 부당한 상황이 연출되기도 한다.

직원의 능력을 존중하는 급여체계

'인사의 공정성을 해치지 않으면서도 연봉제의 강점을 살릴 수 있는 방법은 없을까?'

이런 고민 끝에 탄생한 것이 바로 '직군별 급여총액제'였다. 쉽게 설명하면 직군을 보다 세분화하여 각 직군별로 연봉테이블과 호봉수를 미리 산정하는 것이다. 그리고 이것을 회사의 급여 체계로 잡고 전 직원들에게 통지하여 직원들과 개별 계약을 진행하는 것이다.

이를테면 프로그래머라는 직군을 솔루션 프로그래머, 개발 프로그래머, 웹 프로그래머 등으로 세분화한다. 그리고 각자의 개발 실력과 경력에 대해 정확히 인지하도록 한 다음 급여 계약을 진행하는 것이다. 같은 프로그래머라 해도 프로그램을 다루는 기술력 등에 따라 직군이 달라지게 되니 급여 책정 역시 더 세분화되는 것이다. 그런 다음 누가 봐도 객관적인 개인의 실력과 경력, 그리고 시장에서 이들이 받게 되는 급여선을 고려해 호봉 수준을 정해둔다. 그리고 이에 따라 직군별 급여총액제의 연봉테이블을 미리 확정해서 직원들에게 개별 통보하고 동의를 구하는 방식이다. 사실 처음엔 이 방법에 대해 약간의 걱정을 하기도 했다.

하지만 이 성과보상시스템은 순조롭게 정착이 되었고, 덕분에 지금까지도 급여 협상 시즌에 직원들과 기싸움을 벌이는 일은 없다.

또한 책정된 급여는 1년이 아니라 6개월 단위로 재측정되도록 했다. 직원 입장에선 짧은 시간에 더 노력해 실력을 키우면 그만큼 다음 협상에선 높은 급여를 받을 수 있는 것이다.

3개월에 한 번씩, 목표치를 달성한 부서와 개인에게 성과급을 주는 것도 잊지 않았다. 보너스 역시 6개월에 한 번씩 지급하니, 1년 동안 두 달에 한 번꼴로 플러스 급여를 받는 셈이 된다. 이런 성과

지급체계야말로 직원들의 퇴사를 막는 확실한 장치인 셈이다.

아리스토텔레스는 정의의 본질이 평등이라고 주장했다. 그리고 정의를 다시 모든 사람이 동등하게 대우 받는 평균적 정의와 능력 및 공헌도에 따라 다르게 대우 받는 배분적 정의로 구분했다. 급여시스템에도 '기회의 평등, 성과보상의 차등'이라는 평등과 보상의

연봉제일 때 반드시 체크해야 할 두 가지

직군별 급여총액제를 실시하기 전엔 나 역시 연봉제로 직원의 급여를 책정했다. 초창기였던 만큼 혹시라도 나중에 직원의 퇴직금을 주지 못할 것을 염려해, 퇴직금을 포함한 연봉제 계약서를 작성했다. 그리고 그 사항에 대해서는 직원과 합의한 후 '퇴직금 포함 연봉제 계약서'라고 정확히 표기했다. 그런데 퇴사한 직원 세 명이 노동부의 판례를 알아본 후, 퇴직금을 지급받지 못했다며 노동부에 제소한 것이 아닌가. 그 인용 판례에는 '퇴사자가 퇴직금을 포함한 연봉제로 계약을 했더라도, 회사에서 이를 1/12로 주었다면 이는 퇴직금을 안 준 걸로 간주한다'는 내용이 있었다. 그래서 결국 울며 겨자 먹기로 그 세 명이 3년 동안 일했던 급여를 각각 1/13로 나눠 퇴직금 명목으로 추가 지급할 수밖에 없었다.

이때의 경험으로 한 가지 더 알게 된 사실은 연봉제일 경우, 반드시 급여를 1/13로 계산해야 할 뿐만 아니라 13번째 급여가 퇴직금 중간정산이라는 것을 증명하는 '퇴직금 중간정산 신청서'를 직원들에게 꼭 받아 둬야 한다는 것이다. 연봉제를 시행하는 회사라면 이 두 가지를 반드시 알아둬야 나중에 불이익을 당할 일이 없다.

원칙을 적용할 필요가 있다.

직원들의 가능성을 같은 시선으로 바라보되, 업무 능력과 업무 성과에 대해서는 그에 합당한 대우를 해줘야 한다. 그것이 바로 공정성 있는 인사이며, 훌륭한 인재를 키우는 비법이다.

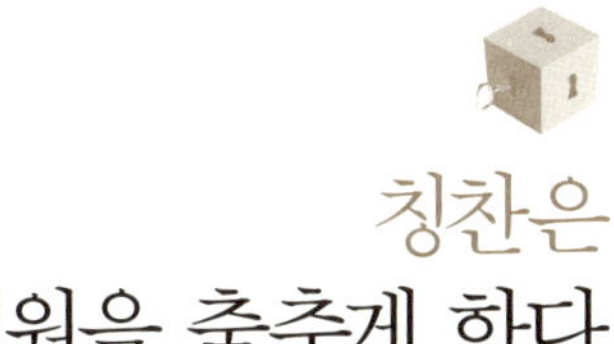

칭찬은
직원을 춤추게 한다

나는 리더의 자질 중의 하나가 칭찬을 잘하는 것이라고 생각한다. '칭찬은 고래도 춤추게 한다'는 말처럼 칭찬을 받은 직원은 사기가 진작되어 자기 능력 이상을 발휘하기 마련이다.

때문에 직원들에게 일을 제대로 시키고 싶다면 전략적으로 칭찬을 활용할 필요가 있다. 하지만 칭찬이란 맡긴 일을 훌륭히 해냈을 때 하는 것이지 기대에도 못 미쳤는데, '참 잘했구나'라고 말할 수는 없는 노릇이다. 그러므로 처음엔 칭찬받을 만한 일을 시키는 게 좋다.

즉 처음부터 어려운 일을 맡기는 것이 아니라, 능히 해낼 수 있는 손쉬운 일을 맡기고 그것을 잘 수행하도록 격려한 뒤 업무 성과를 함께 확인하면서 칭찬을 해주는 것이다.

"이 정도면 다음 번에 맡는 프로젝트도 잘 해낼 수 있겠다!"

사장들이 쉽게 빠지는 함정

사실 회사에서 가장 일을 잘하는 사람은 사장이다. 그런데 사장이 흔히 범하는 오류는, 직원들 역시 자기처럼 일을 할 거라고 생각하는 것이다. 일본 경영학의 석학인 이타미 히로유키 역시 이와 비슷한 말을 한 적이 있다.

"경영자들이 쉽게 빠지는 함정이 하나 있다. 그들은 종종 구성원들이 자기처럼 일을 열심히 하고, 자기처럼 효과적으로 해낼 수 있을 것이라 생각한다. 그러고선 기대에 미치지 못하면 화를 내거나 좌절에 빠진다."

직원들에게 처음부터 큰 기대를 걸어서는 안 된다. 기대가 크면 실망도 그만큼 큰 법이다. 이타미 교수의 말대로 사장은 그저 직원들이 보통의 능력과 보통의 노력을 가진 사람이라고 생각하는 게 편하다. 사장의 스타일에 맞춰 직원을 다루려고 하면 속만 탈 뿐이다. 아장아장 걷는 아기에게 뛰어보라고 해봤자 넘어지기밖에 더하겠는가.

작은 것에서부터 성과의 열매를 맛보도록

사실 나는 회사가 안정 궤도에 오른 이후에는 신입사원을 잘 뽑지 않았다. 대개 그렇듯이 신입을 뽑으면 가르치는 데 시간과 노력을 들여야 하는데, 그럴 만한 여유가 없었기 때문이다.

그런데 작년에 대학 교수로 있는 지인의 부탁으로 해당 학교 웹디자인과 졸업생 3명을 인턴사원으로 뽑게 되었다. 총기는 반짝반짝 살아 있으나 아직 다듬어지지 않은 그들에게 어떤 일을 줘야 할지가 고민이었다.

후이즈의 경우 웹디자이너들은 보통 동영상 기획과 편집은 물론 웹디자인 업무까지 총괄하게 돼 있다. 하지만 막상 이들에게 기획을 시키면 잘 해낼 수 있을지 판단이 서질 않아서, 일단 두 달 동안 디자인 편집만 시켰다.

"학교에서 제법 배웠구나. 이제 일 속도 좀 높여볼까?"

사실 줄곧 베테랑에게 일을 시키다가 햇병아리를 상대하면, 나처럼 성질 급한 사람들은 숨 넘어가기 일보직전이 된다. 일의 결과도 결과지만 속도 자체가 턱없이 느리기 때문이다. 하지만 이왕 뽑은 직원이라면 절대 기를 죽여서는 안 되므로 그들의 기준에서 판단하려고 노력했다. 이들이 나중에 어떻게 성장할지 모르는데, 처음 실력으로 재단해버리는 건 자라나는 싹을 자르는 격일 테니 말이다.

이는 경력자라 해도 크게 다르지 않다. 다른 회사에서 일하다 새 직장에 오면, 누구라도 적응 기간이 필요한 법이다. 따라서 처음엔 1년 단위의 장기 프로젝트보다는 한 달 단위의 단기 프로젝트를 주는 게 좋다.

회사에 안정적으로 정착하기 전까지 업무 부담을 크게 주지 않을 필요가 있다. 그들에겐 주위 동료들과 친해지고 화합하는 것 역시 중요한 과제이기 때문에 업무의 중압감만으로 금세 지치지 않게 해줘야 한다.

미국 최대의 온라인 증권사 찰스 슈왑의 CEO는 "지위를 막론하고 칭찬하는 분위기 속에서 일을 더 못하거나 노력하지 않는 사람을 보지 못했다"라고 말한 적이 있다.

직원들의 잠재력을 무시해선 안 된다. 아직은 덜 다듬어졌지만 언제 진짜 실력을 발휘할지 모르니, 현재의 상태로 그 직원의 모든 것을 판단하지 말자. 직원의 가능성이 잘 가늠되지 않는 초보사장이라 해도 괜찮다. 작은 일부터 차근차근 시켜보면서 적절하게 '잘한다'는 추임새를 넣어주면, 얼마 안 가 그 직원이 멋진 성과로 답해줄지도 모른다.

혼을 낼 때도
애정은 잃지 마라

공개적인 자리에서는 직원을 혼내지 않는 것이 좋다. 많은 사람 앞에서 그러한 상황을 겪는다면 누구라도 모욕감을 느낄 것이다.

그래서 나는 우선 조용히 내 방으로 불러들인다. 이때 호출을 당한 직원도 눈치가 있기 때문에 잔뜩 주눅이 든 상태로 사장 방을 노크하기 마련이다. 본격적인 이야기를 시작하기에 앞서 나는 직원의 긴장을 풀어주기 위해 노력했다.

"다른 게 아니라 요즘 회사 다니면서 혹시 어려운 점이 있나 해서 말이야."

"그런 건 없습니다."

"괜찮으니까 편하게 얘기해봐. 회사 차원에서 알고 있어야 고칠 건 고치지 않겠어?"

설령 직원이 괜찮다고 얘기해도, 이런저런 얘기를 편하게 풀어가면서 직원이 어떤 고충을 느끼는지 말할 수 있도록 해야 한다.

경청은 끈기 있게, 말투는 부드럽게

직원이 이야기를 풀어가면 충분히 들어주는 게 중요하다. 나는 성격이 급하고, 할 말만 간단하게 하는 편이라 직원의 이야기를 들을 때 답답한 마음을 꾹 눌러야 한다. 그리고 이야기를 충분히 들어준 후에는 일리가 있는 사안들은 바로 접수해 시정해주겠다는 의사를 분명히 한다.

"음, 그런 문제들은 충분히 배려할 수 있도록 조치를 취해줄 테니 너무 걱정하지 마. 그런데 이번에 실수한 건에 대해서 너 역시 입장이 있을 것 같은데, 아닌가?"

직원이 중대한 실수를 저질렀을 때에도 분명 그 나름의 피치 못할 사정이 있었다고 믿고 가능한 정확한 원인을 규명하고자 애썼다. 그래야만 다시는 그런 실수가 일어나지 않도록 조치할 수 있기 때문이다.

"음, 그랬구나. 충분히 이해한다. 그런데 사실 이 일로 회사에 금전적인 손실이 있었어. 그래서 규칙상 최소한 경위서는 받을 거야. 이건 다음엔 정신 바짝 차리라는 의미이지, 너에게 불이익을 주려고 하는 건 절대 아니니 너무 개의치 마. 그리고 너도 알다시피 내가 몸이 열 개라도 부족할 만큼 바쁜 와중에 너를 이렇게 따로 부른 건 그만큼 너한테 애정이 있다는 뜻이야. 관심이 있으니까 혼도 내는 거고. 그 정도는 너도 알고 있지?"

여기서 포인트는 말투이다. 절대 강압적인 말투를 써서는 안 된다. 아무리 음식이 맛있어도 담긴 그릇이 조악하면 음식 맛까지 반감되듯, 애정이 있다는 말을 하면서 말투가 신경질적이고 위압적이면 진심이 제대로 전달되지 않는다. 최대한 침착하고 부드러운 말투로 얘기하되 어조는 단호할 필요가 있다. 그래야 직원 입장에서 주의 깊게 새겨들을 것이기 때문이다.

그리고 이때 전략적으로 다른 직원과 살짝 비교하는 것도 직원을 독려하는 데 효과적이다. 비교만큼 사람에게 열등감을 심어주는 일도 없다고 하지만, 비교도 어떻게 하느냐에 따라 직원에게 오히려 자신감을 심어줄 수 있다.

"예전에 함께 일했던 A 직원도 처음엔 업무가 서툴러서 너 같은 실수를 했었는데, 나중에 실력이 얼마나 일취월장했는지 몰라. 아직도 그 친구한테 내가 감사해하고 있을 정도야. 너도 그렇게 될 거라 믿고 있으니 열심히 하기다, 알았지?"

이처럼 혼낼 때에도 머릿속에 시나리오를 짠 다음 차근차근 풀어내면 직원의 감정을 다치지 않게 하면서 목적을 달성할 수 있게 된다.

본심은 얼굴을 마주하고 전하자

메신저나 메일로 혼내는 것은 효과적이지 않다. 후이즈의 경우 초창기부터 사내 메신저를 사용했기 때문에 특정 직원 이름만 클릭하면 바로 대화를 할 수 있었다. 사실 사장실로 따로 부르는 것보다 메신저로 말을 거는 게 훨씬 시간 절약이 되는 일이긴 했지만, 문자로는 어투와 마음이 제대로 전달되지 않는다는 것이 문제다.

감정적이거나 예민한 문제일수록 얼굴을 마주보고 전하는 게 좋다. 사람과 사람 사이에서 대화가 오갈 때는 말 자체보다도 말투, 눈빛, 손짓 등의 비언어적인 요소가 더 중요하기 때문이다.

사회지능(SQ)이라는 게 있다. 인간관계에서 타인을 이해하고 그 관계 속에서 적절히 대처하고 행동하는 능력을 말한다. 전문가들에 따르면, 사람을 잘 다루려면 IQ나 EQ가 아닌 SQ가 뛰어나야 하는데, 이는 특별한 게 아니라 상대방의 말을 잘 들어주고 공감해주는 것, 그리고 상대방의 입장을 배려해주는 것이라고 한다. 사회지능이야말로 사장이 직원을 대할 때 반드시 필요한 요소가 아닐까 싶다. 누구나 실수는 한다. 그 실수를 반면교사로 삼아야

지, 더 큰 일꾼이 될 수 있는 옥석을 어리석게 내치는 일은 없어야
한다.

회식과 워크숍의
5분을 잡아라

얼마 전 일본에서 마치 누군가에게 전화가 걸려온 것처럼 가장
할 수 있는 아이폰용 앱 '조작전화'가 출시되었다고 한다. 이것을
요긴하게 사용할 수 있는 상황은 바로 회식자리인데, 지루한 회식
자리에서 일찍 자리를 뜨고 싶을 때 이 앱을 실행시키면, 마치 급
한 전화가 오는 것처럼 2~3분 단위로 전화가 걸려오게 할 수 있
다. 아마도 이 앱 개발자는 회식자리가 참 지루했나 보다.

사실 회사에서 업무 못지 않게 중요한 게 회식자리다. 회식자리
가 지루한 회사는 절대 발전이 없다는 것이 나의 지론이다. 때문에
직원들이 이 시간만큼은 긴장을 풀고 신나게 즐길 수 있도록 사장
이 적극적으로 아이디어를 짜야 한다.

워크숍도 마찬가지다. 회식과 워크숍은 직원 수가 적을 경우엔
더 똘똘 뭉칠 수 있는 시간이 되고, 직원 수가 많을 경우엔 모르

는 사람끼리 서로 친해질 수 있는 특별한 계기가 된다.

친하지 않은 직원들끼리는 복도나 화장실에서 마주쳐도 눈인사 정도만 하지, 사적인 대화는 오가지 않게 마련이다. 그래서 나는 직원이 많아질수록 구성원 전체가 친해질 수 있게 의도적으로 기회를 만들어줘야겠다는 생각이 들었다. 물론 직원 수가 200명 이상으로 늘어난 지금은, 효율성을 생각해 이런 자리는 팀별로 즐기고 대신 산행이나 축구대회, 마니또게임, 감사상 투표 등으로 단합을 유도하지만 말이다.

레크리에이션은 〈무한도전〉보다 더 재미있게

회식과 워크숍을 MBC 버라이어티 프로그램 〈무한도전〉만큼이나 재미있게 보낼 수 있는 방법은 사전에 프로그램을 촘촘히 짜는 것이다. 그래야 중간에 비는 시간 없이 알차게 돌아가기 때문이다.

회식이야 몇 시간이면 되니까 한 가지 정도의 간단한 게임만 미리 정해가도 무난하다. 게임이 끝난 후 분위기가 무르익으면 나는 자리를 이동하면서 전 직원에게 일일이 술 한잔씩을 따라준다. 그리고 마치 한 명 한 명과 1:1 면담을 하듯, 사는 곳은 어딘지, 고향은 어디인지, 이성 친구는 있는지 등의 사적인 질문들을 관심 있게 던진다.

중요한 건 이때 들은 대답들을 잘 기억해야 한다는 것이다. 정확히 기억해서 나중에 엘리베이터 등에서 마주쳤을 때 "여자친구가 초등학교 교사라고 했지? 결혼은 언제쯤 하나?"라고 물어볼 수 있기 때문이다. 이게 별거 아닌 듯해도, 사람은 누구나 자신의 신변에 관심을 가져주면 상대방에게 친근감을 느끼기 마련이다. 사장이 친근해지면 회사가 친근해지고 회사가 친근해지면 자기 업무에 더 애정이 가는 법이므로 꽤 효과적인 방법이라고 본다.

워크숍은 주로 1박 2일로 가기 때문에 장소부터 신중하게 골라야 한다. 다녀온 이후의 여독 때문에 업무에 지장을 주면 안 되므로 되도록 차량으로 1시간 30분 정도면 갈 수 있는 곳으로 정하는 게 좋다. 그리고 펜션 등을 예약할 때, 가능하다면 최소한 족구라도 할 수 있는 마당이 딸린 곳을 찾으면 좋다. 운동경기도 하면서 친목을 다질 수 있기 때문이다.

사업부별로 1년에 두 번은 꼬박꼬박 워크숍을 가다 보니 상당 부분의 게임이 관행처럼 정착되었다. 지금껏 여러 게임 아이디어들이 나왔고 모두 현장에서 즐겨봤는데, 그중 가장 재미있던 게임은 올킬게임이었다.

"자 시작한다. 가장 자지러지는 말을 하는 사람한테 상품권을 줄 거야. '난 해본 적 있는데, 넌 이런 경험 없지?' 할 만한 사건을 대는 거다."

상품권을 준다니까 여기저기서 놀래킬 만한 이야기들이 튀어나왔다.

"중학교 때까지 한 번도 안 빼놓고 1번이었어요."

"난 변소통에 빠져봤다구요."

"책가방은 깜박하고 놔두고 도시락만 들고 학교 간 적 있어요."

키가 180센티미터가 넘는 장신의 직원이 중학교 때까지 키가 작아 1번만 했다는 사실 역시 놀라웠고, 평소 성실하기 그지없던 직원이 도시락만 챙겨서 학교에 갔다는 얘기도 무척 흥미로웠다. 변소통에 빠진 친구는 독 때문에 피부병을 심하게 앓았다고 말해 모두를 경악시키기도 했다. 엉뚱하고도 해괴한 답변들에 모두가 즐거워했고, 직원들끼리 더 가까워진 느낌도 받을 수 있었다.

초두효과와 최신효과를 노려라

이처럼 회식과 워크숍의 첫째 목적은 신나게 놀면서 직원들끼리 화합하고 기운을 북돋는 것이다. 그런데 이 정도로 끝내기엔 그 시간이 너무 아깝다. 회식과 워크숍이야말로 직원들의 컨디션이 좋을 때를 집중공략해 사장의 뜻을 다시 한 번 각인시킬 수 있는 절호의 찬스이기 때문이다. 하지만 그것이 너무 노골적이면 곤란하다. 사장이 연설하듯 말하면, 직원들은 금세 따분해하며 '결국 저 이야기하려고 모이라고 했구나'라고 생각할 것이다.

사장이 하고 싶은 이야기는 회식과 워크숍이 시작하는 시간에 5분 그리고 마무리 시간에 5분, 합해서 딱 10분이면 충분하다. 회식과 워크숍의 처음과 끝에 얘기하는 5분은 평소 회의시간에 50분 얘기한 효과와 맞먹을 정도로 강력하다. 직원들의 몰입도가 상당히 커진 상태기 때문이다. 이것은 바로 심리학에서 말하는 초두효과, 최신효과의 원리 때문이다. 예컨대 50명의 학생이 번호대로 단상에 올라 한 가지 주제로 발표를 한다고 했을 때, 모두의 기억에 가장 또렷하게 남는 발표자는 누구일까? 아주 말발이 뛰어나거나 쇼맨십이 넘치는 학생이 아닌 이상, 대개는 1번과 50번이다. 이때 1번이 유리한 경우를 초두효과, 50번이 유리한 경우를 최신효과라 말할 수 있다.

워크숍과 회식에서도 이 효과들을 최대한 누려야 한다. 음주가

직원의 경조사에는 가능한 한 참석하라!

아무리 바빠도 직원들의 결혼식과 집안의 장례식엔 꼭 참석하는 게 좋다. 그런 자리에 사장이 나타나면 직원이 무척 고맙게 생각할 뿐 아니라, 그의 부모님에게도 '우리 아들이 회사에서 인정받고 있구나.'란 느낌을 줘 자식이 다니는 회사에 부모님까지 애착을 갖게 된다.

가능하다면 퇴사한 직원이라 해도 팀장급 이상의 경우는 챙기는 것이 좋다. 물론 일일이 다 챙길 수는 없겠지만, 함께 일하면서 신뢰가 깊었고 일이 있을 때 먼저 연락을 해오는 경우엔 꼭 가려고 했다. 그런 자리에 가면 당연히 현재 함께 일하는 직원들도 와 있기 마련이다. 그들이 대놓고 말은 안 하지만 속으로 '아, 우리 사장님은 퇴사한 직원에게까지 마음을 쓰는구나.'라고 생각할 것이 아닌가.

물론 의도적으로 그들에게 점수를 따기 위해 그런 자리에 가라는 뜻은 아니다. 직원들에게 애정과 관심을 적극적으로 표시하면 그런 부수적인 효과도 누릴 수 있다는 뜻이다. 직원들 역시 사장이 얼마나 바쁜 사람인지 잘 알고 있다. 그 바쁜 시간을 쪼개 직접 찾아와주는 사장이라면 인간적으로 참 신뢰할 만하다고 생각하지 않을까?

무를 즐기는 동안 주고받았던 말들은 희미해져도 전후 5분 동안 진심을 담아 말한 사장의 비전 발표는 기억에 남을 수 있다. 이때 일방적인 전달체보다는 단합심을 키울 수 있는 '하자'체를 쓰는 게 좋다.

"지금까지 모두 잘해준 덕분에 우리 회사가 놀랄 만큼 성장했어. 늘 고맙게 생각해. 이달에 진행할 중요한 프로젝트에서도 우리 한번 최고의 결과를 내보자. 다들 잘할 수 있지?"

한껏 고무된 에너지 틈새로 이 한마디만 스며들게 하자. 평소보다 훨씬 흡수가 빠를 것이다.

옥석이 될 원석을
알아보라

① 결국 사람을 키운다는 것은 그 사람의 꿈을 만들어준다는 의미이기도 하다. 회사란 직원이 꿈을 그릴 수 있는 도화지 같은 곳이 되어야 한다. 꿈을 키워가는 사람의 그림은 현재는 비록 미숙해보일지 몰라도, 시간이 지나면서 결국 멋진 작품이 되기 마련이다.

② 직원의 머릿속과 오너의 머릿속에는 다른 수레바퀴가 돌아간다. 그래서 때때로 직원들은 오너가 전혀 예상치 못한 사유로 회사를 떠나기도 한다.

③ 모든 직원의 가능성을 똑같이 평가하되, 업무 능력과 업무 성과에 대해서는 그에 합당한 대우를 해줘야 한다. 그것이 바로 공정한 인사이며, 훌륭한 인재를 키우는 비법이다.

④ 신입사원들이 회사에 안정적으로 정착하기 전까지는 업무 부담을 크게 주지 않아야 한다. 그들에겐 주위 동료들과 친해지고 화합하는 것 역시 중요한 과제이기 때문에 업무의 중압감만으로 금세 지치지 않게 배려해줘야 한다.

⑤ 감정적이거나 예민한 문제일수록 얼굴을 마주보고 전하는 게 좋다. 사람과 사람 사이에서 대화가 오갈 때에는 말 자체보다 말투, 눈빛, 손짓 등의 비언어적인 도구가 더 중요하기 때문이다.

⑥ 사장이 하고 싶은 이야기는 회식과 워크숍이 시작할 때 5분 그리고 마무리 시간에 5분, 합해서 딱 10분이면 충분하다. 회식과 워크숍의 처음과 끝에 이야기하는 5분은 평소 회의시간에 50분 이야기한 효과와 맞먹을 정도로 강력하다. 직원들의 몰입도가 상당히 커진 상태이기 때문이다.

[조직관리의 기술]

효율을 떨어뜨리는 잡음을 제거하라

진짜 고수는
검을 가린다

예전에 엑설런스 클럽의 같은 멤버였던 GE 코리아의 강석진 전 회장님 사무실을 찾아간 적이 있다. GE 코리아가 한국에 처음 설립될 때부터 참여해 매출액 4조 원의 대기업으로 키워낸 분인데, 경영 노하우에 대해 여쭤 보니, 내게 이런 말씀을 해주셨다.

"업무에도 품질이 있다고 생각해요. 항상 직원에게 그렇게 강조하고, 나 역시도 스스로의 업무 품질에 대해 생각해오고 있지요."

CEO도 자신의 업무 품질에 대해 생각해야 한다는 것이다. GE의 6시그마로 대표되는 품질경영은 생산관리에만 적용되는 것이 아니라, 회사 내부의 임원들과 사무직 직원들의 업무 품질까지도 고려하는 것이었다.

흔히 모든 사장들이 직원들에게 능력의 200%를 발휘해줄 것을 원하면서도, 그에 맞는 시스템을 구축해줄 생각은 하지 않는다. 비용 부담 때문이다. 하지만 부팅하는 데만 몇 분씩 걸리는 컴퓨터와 결재받으려면 며칠씩 걸리는 업무 프로세스 안에서 과연 어떤 직원이 능력을 십분 발휘할 수 있을까?

업무에 품질을 입혀라

최고의 업무 효율을 위해 업무의 제반 상태를 신경 써야 하는 게 사장의 의무이다. 직원들이 표준화된 업무 체계 속에서 자유롭게 움직이고 있는지, 회의 시간은 적정한지, 회의 방법은 민주적이며 합리적인지, 그 하나하나가 업무의 최적 조건을 결정한다.

직원들은 각자의 스케줄을 계획적으로 운용하면서 동시에 목표 관리는 잘되고 있는지, 중요도에 따른 우선순위는 알맞게 정해졌는지, 십년 전 자료라도 필요하면 즉시 찾아볼 수 있는지 등을 꼼꼼히 체크해둬야 한다.

"우리 진짜 열심히 하자"란 말만으로는 부족하다. 업무 품질이 떨어지면 손발이 고생하느라 머리까지 피곤해지기 십상이다.

나 역시 사업 초창기부터 사소한 것까지 신경 썼는데, 일례로 매해 12월이 되면 미리 그다음 해의 행사일정을 미리 잡아 전 직원에게 공지했다. 그래야 직원들도 사적인 일정을 조정할 수 있기 때문이다. 예를 들면 전년도 사업평가, 시무식 및 내년도 사업발표, 창립기념식, 연말 송년회 등의 계획을 미리 날짜별로 짜 놓는 것이다. 직원들 머릿속에 이미 다음 해의 스케줄이 잡혀 있는 것과 그렇지 않은 상태로 새해를 맞는 것은 상당히 다른 결과를 가져올 수 있다.

IT 문맹 경영자는 살아남을 수 없다

미래학자이자 발명가인 레이 커즈와일은, 2030년이 되면 과학기술의 발전 속도가 감당할 수 없을 정도로 빨라지는 급격한 변화의 시점, 즉 '특이점'이 온다고 예언했다. 덧붙여 고객과 조직의 새로운 소통방식을 익히지 못하는 기업과 리더는 상상도 못할 어려움에 빠질 것이라고 말했다.

이미 IT는 우리들의 생활 속에 깊이 들어와 있다. 그런 면에서 후이즈는 IT회사 중에서도 전 세계 인터넷의 근간이 되는 도메인과 IP 주소를 다루는 회사여서 지금껏 세계적인 인터넷 표준의 흐름을 가장 먼저 한국에 알리는 역할을 담당해왔다.

IT의 장점은 누구나 잘 알고 있듯, 모든 업무를 체계화하고 표준화해 속도감을 높여주는 데 있다. 회사의 체계를 잡아가는 데 있어 업무 시스템이 중요하다는 것은 모든 이들이 공감하는 이야기일 것이다.

실제로 이것은 낫과 곡괭이를 가지고 전쟁을 치르는 것과 총과 대포를 가지고 전쟁을 치르는 것의 차이만큼이나 크다. 업무 지시를 할 때 직원들을 회의실에 모두 회동시켜 말로 전달하는 것과 각각의 스마트폰과 태블릿PC로 즉각적으로 업무 지시를 하는 것의 속도 차이를 생각해보더라도 그렇지 않은가.

　요즘 이런 필요성을 절감한 기업들이 모바일 오피스 환경이 결합된 그룹웨어 솔루션이나 전사적 자원관리(ERP, Enterprise Resource Planning) 시스템을 도입하고 있다. 후이즈 역시 자체 개발한 경영ERP인 스마트경영시스템을 6년 전에 개발해 사용하고 있다. 후이즈는 일본 법인까지 합치면 총 6개 지사가 있는데, 이를 한꺼번에 관리하기란 여간 어려운 게 아니었다. 그래서 이미 오래 전부터 시스템 구축의 필요를 절실히 느끼던 참이었다.

　처음엔 경영ERP를 얼기설기 만들어 사용하다 보니 불편한 점이 한두 가지가 아니었다. 하지만 그러한 점들을 찾아내 보완하고 계속해서 업그레이드했다. 즉, 기본적인 경영관리시스템에다가 메신저, 웹메일, 아웃룩 메일, 웹하드, 화상회의 등 통합 커뮤니케이션(UC) 환경을 결합시켰다. 현재는 바코드 자산관리, 소프트웨어·하드웨어 자산관리까지 통합되어 있어 상당히 완벽한 상태라고 할 수 있다.

　이 시스템이 구축되기 전에는 모든 아이템을 각자가 개별 관리해야 했으며, 프로그램을 작동시킬 때마다 로그인과 로그아웃을 반복해야 했기에 번거롭고 에러도 많이 났다.

　현재의 통합솔루션은 모바일과 PC 모두에서 사용할 수 있어 유비쿼터스 기능이 강화됐다. 최근엔 회계ERP를 출시했는데, 이 역시 회계장부를 일일이 열어볼 필요 없이 태블릿PC로 회계 상태를 확인할 수 있는 시스템으로서 세계 최초로 후이즈홀딩스가 개발해낸 것이다.

이처럼 회사를 운영할 때 ERP 시스템을 구축하면 주먹구구식이 아닌 일사불란한 조직 경영이 가능해진다. 기술 발전을 외면하는 IT 문맹 경영자는 아마도 시류에 적응하지 못할 것이라는 게 레이 커즈와일의 경고 아닐까.

진짜 고수는 검을 가릴 줄 아는 법이다. 검을 다루는 실력도 중요하겠지만, 고수의 세밀한 기술까지 살리는 좋은 검이 필요한 것이다. 여기서 검은 시스템에 비유할 수 있겠다. 고수 사장으로 거듭나려면, 이러한 IT 메커니즘을 활용한 고도의 업무 솔루션과 시스템을 도입해보자.

결재는
이틀을 넘기지 마라

사업 초창기부터 해외 출장을 자주 가야 하는 통에 직원들의 결재를 제때 처리해주지 못하는 경우가 많았다. 종이 결재 서류를 사용할 때까지만 해도 말이다. 출장에서 다녀오면, 책상에 결재 파일이 한쪽에 수북이 쌓여 있곤 했다. 내가 자리에 앉자마자

비서가 내 방 문을 다급하게 두드리며 "사장님, 저기 이 자금 결재 건은 이사님이 시급하다고 전했습니다"라고 말하며 승인을 재촉하기 일쑤였다.

그럴 때마다 숨을 돌릴 틈도 없이 파일을 이리저리 뒤져봐야 했다. 다행히 직원이 올린 파일을 바로 찾으면 곧바로 사인을 해주었지만 그렇지 않은 경우도 왕왕 있었다. 파일에 발이 달린 것도 아닐 텐데, 아무리 찾아봐도 안 보이는 것이다. 그러면 몇 분을 허둥대다가 조금은 멋쩍게 말할 수밖에 없었다.

"김 대리, 내 방 어딘가에 있기는 한데, 서류가 안 보인다. 결재서 다시 작성해오면 빨리 사인해줄게."

직원이 사장한테 바로 결재를 올려서 받는 경우엔 그래도 이런 일이 드물다. 문제인 건 결재라인이 많을 때이다. 업무 보고가 층층시하로 이루어지는 경우, 사장인 내 자리까지 올라오는 도중에 결재 파일이 사라지는 경우가 자주 발생하는 것이다.

그런 경우엔 일이 더 복잡하다. 시간도 없는데, 부서 팀장의 사인을 다시 받고, 총괄 부장의 사인을 받아 다시 사장인 내 사인을 받으러 동분서주해야 하니 말이다. 상황이 이렇게 되면 말은 안 하지만 김 대리의 짜증이 얼마나 하늘을 향해 솟구치겠는가.

직원의 뇌를 복잡하게 하지 말자

그야말로 업무의 효율성이 뚝 떨어지는 경우가 아닐 수 없다. 업무의 비효율은 이미 내가 출장에서 돌아오기 전부터 일어나고 있었다. 김 대리의 머릿속을 상상해보자.

'오늘 출장비를 타야 출장을 갈 텐데, 비행기 시간이 연착돼 사장님이 제시간에 못 오시면 어떡하지?'

다급한 결재 사인을 기다리고 있는 만큼, 분명 머릿속은 걱정으로 가득 차 있을 것이다. 한 뇌전문가의 말에 따르면 막연히 '어떤 일을 해야지'라고 생각하는 것만으로 뇌는 그 일을 해결하려는 모드로 들어간다고 한다.

결국 김 대리의 머릿속에서는 적어도 두 개 이상의 프로그램이 동시에 작동하는 것이니 당연히 그날 해야 할 일들에 100% 몰입이 안 됐을 것이다.

직원의 업무 효율이 떨어지면 손해를 보는 것은 당연히 회사다. 만일 결재요청 내역이 거래처 송금 건이라면 더더욱 문제이다. 송금일을 어기면 거래처로부터 신용을 잃을 수 있기 때문이다. 그래서 나는 어떤 경우에도 결재는 이틀을 넘기지 말자는 원칙을 정했다. 그런데 결재 파일이 종이 문서라면 어려울 수 있다. 사장이 늘 책상에 앉아 있는 게 아니기 때문이다.

후이즈가 자체 개발한 경영ERP 시스템은 이런 문제들을 상당 부분 해소시켰다. 직원들은 종이가 아닌 PC를 통해 웹 기반의 경영ERP 시스템에 접속한 다음, 결재 서류 양식에 결재할 내역을 간단히 작성할 수 있게 되었다.

나는 팀장급들에게 가능한 매일 경영ERP 웹에 접속해, 올라온 결재 서류에 사인을 하라고 지시했다. 사장인 나 역시 이틀에 한

번은 노트북이나 스마트패드로 접속해 올라온 결재서류에 사인을 하고 있다. 그 결과 어떤 결재서류든 이틀이면 결재가 완료된다.

사장들이 빠릿빠릿한 직원들을 선호하듯, 직원 역시 빠릿빠릿하게 움직이는 회사를 선호한다. 경비를 타기 위해 일주일씩이나 기다리며 신경을 곤두세워야 하는 회사라면 직원 입장에서도 대단히 갑갑할 것이다. 직원들에게는 업무 이외의 스트레스는 최대한 줄여주는 게 좋다. 때로는 사람보다 기계가 더 친절한 법이다.

복지와 애사심,
두 마리 토끼를 잡아라

사람마다 여가를 즐기는 방법이 다르겠지만, 나는 쉬는 날엔 주로 극장을 찾는 편이다. 영화를 보다 보면 사업 아이템에 관한 힌트도 얻을 수 있고, 경영에 필요한 전략과 전술에 관한 도움도 많이 받아 여러모로 유익하다. 특히 전쟁영화나 SF영화를 보다 보면 무릎을 탁 칠 정도의 치밀한 전술들이 등장해 혀를 내두를 때가 많다.

그러다 문득 직원들과 이런 영화를 함께 보면, 회사의 전략과 전술에 대해 공감대가 형성될 수 있어 상당히 도움이 될 것 같다는 생각이 들었다.

회사의 목표를 아무리 말한들, 눈앞에 그려지지 않으면 소용없지 않겠는가. 새로운 기술 아이템 개발에 대한 열정과 에너지를 고취시킬 때 영화에 빗대서 얘기하면 훨씬 도움이 될 것 같았다.

또한 우리 민족의 위대한 힘이 느껴지는 영화들을 보면서, "우리도 저런 마음으로 해보자!"라고 하면 은연중에 애국심과 애사심도 키울 수 있을 거란 생각이 들었다.

그래서 1년에 최소 두 번은 극장을 빌려 직원들과 영화 단체관람을 하고 있다. 이는 직원들에게 문화생활을 지원해준다는 의미에서 하나의 복지제도로 인식될 수 있지만, 직원들을 공통된 방향으로 이끌어 그들의 잠재력을 실현하게 하는 하나의 방법이 되기도 한다.

직원들의 마음을 모으는 데 탁월한 영화관람

이를테면 영화 「신기전」을 보고 난 다음, 직원들과 회의할 때 내가 전달하고 싶은 얘기를 더 쉽게 전달할 수 있었다.

"어제 본 영화를 보면 말이지, 일반 화살이 아니라 로켓병기 수준의 화살을 그 당시에 개발했잖아. 우리는 그렇게 위대한 민족이라고⋯⋯. 그러니 각자의 잠재력을 믿어 봐. 반드시 해낼 수 있어. 우리 후이즈처럼 13년 동안 꾸준히 R&D 개발에 전력을 다해 온 소프트웨어 전문 기업이 그렇게 많지는 않아. 우리가 개발해 낸 솔루션 중 이미 세계 최고 수준에 진입한 것이 꽤 있잖아. 웹 기반 그룹웨어와 회계솔루션, 그리고 영업관리솔루션, 건설ERP는 이미 세계 최고 수준이라고.”

영화의 여운이 남아 있는 직원들이라면 자연스레 이 말에 공감하게 된다. 영화를 함께 보면서 고무된 에너지는 업무 추진 에너지로 치환될 수 있는 것이다.

세기에 남을 전투를 그린 영화「적벽대전」역시 치밀하고 숨막히는 지략과 전술의 대결로 우리 직원들의 눈을 한시도 뗄 수 없게 만들었다.

“경쟁사를 이기려면 상대방에 대한 정보를 모두 파악해야 해. 제갈공명이 조조의 급한 성격을 이용했기 때문에 아주 여유롭게 승리할 수 있었잖아.”

그런 영화들은 직원들이 어떤 일을 하든 ‘기본만 하면 된다’라는 2인자 마인드가 아니라, 스스로 천부적인 아이디어를 내야만 지지 않는 게임이 될 수 있다는 걸 머릿속 깊이 각인시키는 데 아주 효과적이다.

꼭 영화가 아니더라도 역사 관련 도서를 읽으며 함께 브레인스토밍을 하는 회사들도 있다고 한다. 회사의 성격에 맞게 직원들과 함께 문화생활을 하며 업무능력을 향상시킬 수 있는 방법을 생각해보자.

동료 챙기는 분위기도
회사가 만들어줘야 한다

조직은 절대 각개전투로는 굴러갈 수가 없다. 직원들의 협동도 중요하고 서로를 배려하는 문화도 중요하다. 물론 처음엔 나도 '각자 알아서 친해지겠지'라고 생각했었다. 하지만 이거야말로 참 안일한 생각이었다. 직원 수가 많아질수록 서로 친해질 '거리'를 만들어주지 않으면 함께 어울릴 기회가 없었다.

생각해보니 학교 다닐 때 반 분위기 역시 그랬다. 끼리끼리 어울려 놀 뿐, 말을 잘 섞지 않는 친구와는 학년을 마칠 때까지 서먹하게 지냈으니 말이다. 그런 문제를 조금이라도 해소하기 위해 담임 선생님은 한 달에 한 번씩 자리를 바꿔주셨다. 짝도 바꾸고 조도 바꾸면서, 서로 친하지 않은 친구들을 의도적으로 가깝게 묶어주는 것이었다.

회사 역시 그런 노력이 필요했다. 하지만 그렇다고 해서 한 달에 한 번씩 전 직원더러 자리를 옮기라고 할 수는 없는 노릇이었다.

'직원들이 두루두루 친해질 수 있는 방법이 뭐가 있을까?'

남몰래 호의를 베푸는 즐거움, 마니또

'그래, 마니또가 좋겠다!'

갑자기 대학교 때 했던 '마니또 게임'이 퍼뜩 떠올랐다. 상대방이 모르게 선물을 챙겨주고 도움을 주는 기쁨, 과자나 사탕을 챙겨주던 친구가 누구일지 궁금해하던 시간 등을 직원들에게 다시 추억하게 해주고 싶었다.

마니또 게임이 시작되니 회사 분위기가 확실히 화기애애하게 변했다. 나 역시 내 마니또가 된 직원에게 한 달 동안 더 관심을 가지게 됐다. 직접 챙길 수 없을 땐 비서를 시켜 초콜릿이나 장미를 몰래 전하기도 하고, 티나지 않게 메신저로 업무에 관한 조언도 해주었다.

역시 나를 마니또로 뽑은 직원도 세심하게 나를 신경 써주니, 그 기간에는 아침에 출근하는 게 즐거웠다. 책상 위에 갓 볶은 커피나 '사장님 오늘도 힘내세요!'란 쪽지가 놓여 있었으니 말이다. 직원들 역시 이 기간에는 서로 자기 마니또가 누군지에 대한 이야기 꽃을 피우기 바빴다. 마니또 게임의 원칙은 같은 부서 안에서는 마니또를 정하지 않는다는 것이다. 그러니 자연스럽게 다른 부서의 사람들을 눈여겨보게 되었다.

자기를 향해 조금만 밝게 웃어줘도 '혹시?' 하는 마음이 생기게 되니, 후보로 여러 명을 점 찍어 두고 그들에게 동시에 관심을 주게 되는 것이다. 이렇게 되면 결과적으로 두루두루 친해질 수밖에 없다.

물론 웃지 못할 에피소드도 있었다. 당시 남자 직원 A가 타 부서의 여자 직원 C를 짝사랑하고 있었다. 그래서 마니또 게임 전에

게임 주선자에게 부탁을 했었나 보다.

"저기, C 직원을 제 파트너로 해주시면 안 될까요?"

그의 전략은 마니또 게임 기간에 무한 감동을 줘 그녀의 마음을 사로잡겠다는 거였다. 그런데 게임 원칙상 그렇게 할 수는 없었다.

하는 수 없이 직원 A는 평소 친하게 지내던 남자 직원 B가 마침 그녀의 마니또인 걸 알고 그를 통해 자신의 마음을 전해보려고 했다. 그런데 유감스럽게도 직원 B와 직원 C가 눈이 맞아 결혼까지 하게 되는 참극(?)으로 끝이 났다. 어쨌든 마니또 게임은 서로 관심조차 없던 두 사람을 부부로 만들 만큼 직원들을 끈끈하게 묶어주는 데 강력한 영향을 끼친 셈이다.

직원들의 고마움을 담은 감사상

또 하나 내가 생각한 것은 '후이즈 감사상'이었다. 1년 동안 가장 고마움을 표하고 싶은 직원을 전 직원을 대상으로 투표해서, 가장 많은 득표수를 얻은 직원에게 표창하는 것이다. 1년에 두 번, 각 사업부 단위로 가장 높은 성과를 낸 직원에게 우수상을 수여하고, 최고 성적의 사업부를 선정해 후이즈 성과상 최우수상을 시상하기도 했지만, 모든 직원이 감동을 받는 상이 바로 이 감사상이었다.

감사상을 발표하는 시간이 되면 모든 직원의 눈이 기대로 가득 차 있다. 감사상을 받는 순간 직원들의 환호에 눈물을 주르륵 흘리는 직원도 있다. 상황이 이렇게 되면 송년회장은 감동의 도가니가 되면서 분위기가 한껏 고조된다.

세상에서 가장 어려운 게 사람의 마음을 얻는 일이 아니던가. 감사상은 여러 사람의 맘을 동시에 얻었다는 증거이니, 그만큼 스스로에게 의미 있는 일이 아닐 수 없다.

대체로 조직원들은 팀끼리 어울리지 타 부서하고는 잘 어울리지 않는다. 중요한 프로젝트를 수행할 땐 각자 팀에서 맡은 역할을 잘 해줘야 하지만, 때때로 다른 팀의 부족한 면을 메워줄 수도 있어야 한다. 그러려면 다른 팀에 대한 배려가 필요하다. 이번에 신세를 졌다면 다음 번에 그만큼 갚으면 된다. 그렇게 서로 배려하는 문화가 받쳐줘야 어떤 일이든 합심해 성공적으로 치를 수 있질 않겠는가. 이를 위해 전 직원이 함께 어울릴 수 있는 분위기를 만들어줄 필요가 있다.

폴더 정리 잘하는 사람이
일도 잘한다

"김 대리, 2009년에 작성했던 프로젝트 기획안 기억하지? 그 파일 지금 나한테 보내줄 수 있나?"

내가 사내 메신저로 이렇게 지시했을 때, 김 대리가 30초 안에 파일을 찾아서 보내는 게 정상이라고 생각한다. 그보다 더 시간이 걸린다면 분명 김 대리는 폴더 정리를 제대로 안 했다는 의미다.

폴더 정리는 곧 머릿속 정리

서랍이나 책상 정리를 깨끗하게 하는 사람이 그렇지 않은 사람들보다 일을 훨씬 잘한다는 연구결과가 있었다. 이는 김 대리가 박 대리보다 책상 정리를 더 깔끔히 하므로 당연히 일도 김 대리가 더 잘한다는 상대적 평가가 아니다. 박 대리가 책상 정리를 지금보다 더 잘 한다면, 일의 능률 역시 지금보다 훨씬 더 높아질 거란 절대적 평가를 의미한다.

책상 정리가 안 되면 일을 못하는 이유는 간단하다. 자료를 찾는 데 그만큼 시간이 많이 걸리기 때문이다. 사장도 그렇지만 직원들 역시 하루에 처리해야 할 일이 한두 가지가 아닌데, 자료를 찾느라 시간을 허비하면 그만큼 능률이 떨어지는 셈이다. 자료가 제대로 정리가 안 돼 있다는 것은 그만큼 그 사람 머릿속이 뒤죽박죽이라는 말과 같다.

그런데 요즘은 필요한 자료들이 책상 위에 있는 게 아니라, 개인 PC의 폴더 안에 있다. 그렇다면 폴더 역시 책상 정리처럼 깔끔하게 정리해 두어야 금세 필요한 자료를 찾을 수 있단 얘기가 된다.

심리학자들의 말에 따르면 사람의 뇌는 한꺼번에 많은 것들을 동시에 기억하지 못한다고 한다. 따라서 7가지 이상의 이슈를 동시에 기억해서 처리하는 일은 어려울 수밖에 없다. 하지만 그렇게 할 수 있는 방법이 있으니, 바로 사고를 효과적으로 분류할 수 있게 해주는 '파일링'이 그것이다.

실제로 2011년 후이즈는 경영에 필요한 모든 파일을 새롭게 분류했다. A-전략기획, B-홍보기획, C-고객관리, D-기획개발, E-대외대관, E-재무회계 등으로 나누고 다시 A를 AA, AB, AC로 나누고 AA를 다시 AA01, AA02, AA03으로 쪼개는 것이다. 그러면 100개 이상의 파일을 손쉽게 기억할 수 있고 그만큼 파일을 찾는 시간이 빨라진다.

이 방법을 나는 직장생활을 하면서 배웠다. 내가 다니던 건설회사에서 처음엔 건축 시공 감독 업무를 하다가 이후 국제표준화기구 인증 컨설팅 업무를 담당했었다. 그때 '문서 표준화'란 걸 알게 됐고, 이것이 얼마나 중요한 것인지를 실감할 수 있었다.

연차가 높아질수록, 지위가 올라갈수록 파일은 그만큼 다양해지고 복잡해진다. 이것을 효율적으로 관리하지 못하면, 예전 자료 하나를 찾을 때마다 머릿속은 그야말로 패닉 상태에 빠지고 말 것이다.

당황하지 않고 안정적인 상태에서 일을 잘하려면 폴더 관리를 잘해야 한다. 이것이 내가 직원들에게 문서를 체계적으로 분류하도록 권장하는 이유이다.

근태관리는
잔소리로 하는 게 아니다

회사를 운영해보니, '조직 관리는 매우 세심한 고려 속에서 진행되어야 하겠구나' 하는 경험을 여러 번 했다. 비난을 모면하기 위해 했던 직원의 사소한 거짓말이 작은 회사의 신뢰를 무너뜨릴 수도 있다. 어떻게 보면 사소한 것 같으면서도, 결코 사소한 것으로 치부할 수 없는 것 중 하나가 바로 직원들의 근태관리 문제다.

근태가 좋은 이상적인 직원이란 정해진 출근 시간 10분 전에 사무실에 도착해 자리에 앉아 컴퓨터를 부팅하고, 정각에는 업무를 시작할 준비가 되어 있는 이를 말한다. 그런데 이게 쉬운 것 같으면서도 어렵다. 나도 직장생활을 해보았기 때문에 전날 친구들과 술 한잔 하고 다음 날 제때 출근하는 게 얼마나 버겁고 힘든 일인지 잘 안다.

눈물을 머금고 지각쟁이 직원을 자른 사연

그럼에도 불구하고 조직생활을 할 때 지각에 지나치게 너그러워서는 안 된다. 뻔한 얘기 같지만, 한 명을 눈감아 주면 일찍 출근한 다른 직원의 사기를 은연중에 꺾게 될 수도 있다.

요즘은 일부 대기업에서 탄력근무제를 시행하면서 출근 시간을 자유롭게 운용한다지만, 일반 중소기업에서 그렇게 하기란 쉽지 않다.

사업 초창기 직원이 불과 4명이었던 시절, 지각쟁이 직원이 1명 있었다. 도메인 솔루션을 제공하는 회사인 만큼 초창기부터 콜센터 인력이 필요해서 뽑은 사원이었다. 싹싹하고 일도 잘하는 등 기특한 부분이 많은 친구였다. 아침에 30분 정도 늦는 치명적인 단점만 빼면 말이다.

그 친구를 회사에서 마주칠 때마다 '내일 아침엔 늦지 마라'라는 말을 하고 싶은데, 괜히 멋쩍어 그 한마디를 못했다. 나의 이런 소심한 태도를 보다 못한 홍보팀장이 대신 그녀를 크게 꾸중했다. 그런데 그녀의 대답이 좀 맹랑했다.

"사장님도 아무 말씀 안 하시는데, 팀장님이 왜 이래라저래라 하시는 건데요?"

"뭐? 그걸 말이라고 하니?"

자신의 잘못을 인정하기는커녕 눈 하나 깜짝 안 하고 대드는 그녀의 태도에 홍보팀장은 얼굴이 붉으락푸르락해지면서 소리쳤다.

"여기가 회사지, 너네 집이야? 그렇게 네 맘대로 편하게 다니려면 굳이 회사에 출근할 필요 없어. 그냥 집에서 쉬는 편이 좋지 않을까?"

이쯤 되니 정작 어찌할 바를 모르는 건 사장인 나였다. 나는 홍보팀장을 불러놓고서 우물거렸다.

"꼭 그렇게까지 강하게 할 필요가……."

"사장님께서 그렇게 물렁하시니까 업무 기강이 안 잡히잖아요."

"……"

할 말이 없었다. 어쩔 수 없이 당장 잘리게 생긴 직원을 불렀더니, 그녀가 내 앞에서 울면서 통사정하는 게 아닌가.

"사장님, 저는 도메인에 대해서 고객들에게 설명해주는 게 너무 좋아요. 저 그냥 일하게 해주시면 안 돼요?"

마음 같아선 다시 마음을 다잡고 열심히 해보라고 말해주고 싶었지만, 내가 그녀를 보호해주면 다른 사원들도 똑같이 행동할 것이고, 그녀를 해고한 홍보팀장의 권위도 바닥으로 떨어질 것이었다. 홍보팀장 역시, 자기 잘못도 인정하지 않고 적반하장격으로 들이대는 직원에게 아무런 경고도 하지 않고 넘어가는 회사라면 자신도 그런 회사에서 일하기는 어렵다는 마음으로 버티고 있었다.

결국 울면서 회사를 나서는 여직원을 나는 애써 모른 척해야 했다. 직원 4명이 함께 으쌰으쌰 해도 부족할 상황에, 지각 문제 때문에 한 명이 나가게 된 것이었다. 그때 나는 뭔가 대책을 세워야겠다고 생각했다. 앞으로 사람을 계속 고용하고 관리해야 하는 이상, 이런 문제는 지속적으로 발생할 것이었기 때문이다.

근태관리시스템으로 잔소리를 대체하다

상사의 잔소리가 도를 지나치면 자칫 인신공격처럼 들리게 되어 이것이 상사와 부하직원 간의 갈등을 깊게 만들 수 있다. 그렇다면 '필요 이상의 잔소리를 하지 않으면서, 지각을 줄일 수 있는 방법

은 없을까?'

당장 떠오른 건 흔히 대기업에서 사용하고 있는 지문인식 카드였다. 비용적으로 무리가 있었지만 당장 시스템을 도입했다. 그런데 생각보다 지문인식 오류가 많이 생겼다. 지각일수는 급여와 직결되는데, 여기서 오류가 나니 월말이면 이를 조정하느라 인사 담당자의 얼굴이 말이 아니었다.

좀더 스마트한 대책이 필요했다. 그래서 지문을 인식한 PC의 정보를 다시 클라우드 서버로 받는 프로세스를 자체 개발했다. 클라우드 서버는 노동부 기준에 의거한 연장근무, 휴가계 등을 급여로 환산한 최종값을 자동 계산하여 인사 급여 담당자에게 전달하도록 되어 있다.

직원들은 PC를 통해 실시간으로 자신의 근태 내역을 확인하고 틀린 사항이 있으면 페이지에 표기된 수정 표식을 클릭하면 된다. 1시간 이상 지각하면 자동 조퇴 처리가 되고, 세 번 지각하면 자동으로 경위서 팝업창이 뜬다. 경위서를 한 번 쓰면 사장인 내게 호출을 당해야 하고, 급여와 승진에서 불리한 대우를 받게 된다. 오직 객관적인 기록에 내 운명이 달려 있는 것이니, 누가 지적하지 않더라도 자발적으로 반성하고 분발하면 되는 것이다.

일단 경위서 양식부터 처리과정까지 복잡함을 최대한 줄여 시스템화했다. 간단하게 한 줄만 쓰면 처리될 수 있도록 아예 기본 문서 양식을 만들어 미리 시스템에 프로그래밍한 것이다. 이렇게 하면 경위서 한 장 작성하면서 글짓기 실력이 부족한 사원이 작문

스트레스를 받지 않아도 된다. 경위서란 그것을 씀으로써 스스로 위기감을 느끼도록 하는 게 목적이지, 분량 같은 것은 별반 중요하지 않다고 본다.

요즘에는 PC 외에 스마트폰이나 스마트패드로도 접속하여 곧바로 확인하고 이용할 수 있도록 앱 기능을 제공하고 있다. 뿐만 아니라 중소기업을 위한 사내 업무용 소프트웨어 시스템을 구입할 수도 있다.

'조금 더 신경 써서 다독이면 되지. 이런 IT 시스템에 돈을 들일 필요가 있을까?' 하는 근시안적 사고는 버리는 게 현명하다. 작은 것들에서 조직이 삐거덕거리기 시작하면 결코 큰일을 도모할 수 없다. 조직은 큰 비전을 위해 일사천리로 움직여야 한다. 그러려면 사소하지만 치명적일 수 있는 근태 문제를 체계적이고 명확하게 다룰 필요가 있다.

메신저를
최대한 활용하라

메신저도 어떻게 활용하느냐에 따라 효율적인 경영에 유용한 날

렵한 검이 될 수 있다. 단, 일반적인 포털 메신저는 가능한 한 사용하지 않는 게 좋다. 사적인 대화와 사내 대화가 섞이면 집중도가 떨어질 뿐 아니라 보안 역시 불안하기 때문이다. 얼마 전 메신저로 유명한 한 포털사이트 역시 해킹을 당해 논란이 일지 않았던가.

사내 메신저를 사용하면 전 직원을 회의실에 모이게 하지 않고도 공지사항을 빠르게 전달할 수 있다. 아침에 직원들을 회의실로 모으려면 먼저 오는 직원과 나중에 오는 직원의 시간 차이만 최소 10분은 나는데, 메신저를 활용하면 무엇보다 그러한 시간을 절약할 수 있다는 장점이 있다. 게다가 메신저는 직원이 잠시 자리를 비워도 추후에 메모 내용을 확인할 수 있으므로, 시차에 상관 없이 업무 내용을 교환할 수 있다.

후이즈는 일본과 중국에도 법인이 있는데, 그쪽 직원들과 수시로 연락하려면 아무래도 번거로움이 있었다. 그런데 사내 메신저를 사용하면서 물리상의 거리가 문제가 되지 않자 커뮤니케이션이 훨씬 수월해졌다. 게다가 통합커뮤니케이션(UC) 시스템을 이용하면, 메신저상의 이름만 클릭해도 바로 인터넷 전화통화를 시도할 수 있다.

무슨 고민은 없고?

그런데 무엇보다 메신저가 가장 좋은 건 모든 직원이 사장실을 노크하지 않고도 사장에게 쉽게 말을 걸 수 있다는 점이다.

"사장님, 저 결혼해요."

“그래? 축하한다. 언제?”

사적인 대화 같지만 사장이 반드시 알아야 할 정보이다. 사장인 나 역시 직원들에게 수시로 말을 건다. 직원들 상담용으로 메신저가 유용하기 때문이다. 사장은 직원의 멘토 역할을 해줄 필요가 있다.

“일은 잘 되어 가나? 혹 뭔 일은 없고?”

이렇게 물었는데, 대답을 머뭇거리거나 뭔가 부정적인 느낌의 답을 하는 직원이 있으면 곧바로 방으로 불렀다. 그리고 허심탄회하게 현재 그의 머릿속을 어지럽게 하는 문제들에 대해 물었다. 대개 자신의 능력을 과소평가하느라 업무에 집중을 못하고 있거나 진로변경, 개인적인 문제 등으로 고민하는 것이었다.

사실 이런 고민들은 대개 업무 환경이 바뀐 직원들이 많이 한다. 조금만 더 적응하면 일취월장할 수 있는 직원인데, 하나 둘 문제에 부딪치면서 자신감을 잃은 경우이다. 바로 이럴 때 사장의 멘토링은 직원에게 큰 위로가 될 뿐 아니라, 좀더 버틸 수 있는 힘을 줄 수 있다. 때로는 아주 민감한 문제를 털어놓는 경우도 있다.

“사실 아이가 생기니 제 월급으로는 생활하기가 좀 벅차더라구요. 부모님도 모셔야 하고…….”

“그래? 그럼 영업직으로 옮겨줄 테니 영업을 해보는 건 어떨까? 솔루션 영업을 하면 네 능력을 충분히 발휘할 수 있을 거야. 기획직 업무로는 성과급을 지급하기가 쉽지 않은 구조지만, 영업직이야 영업 성과에 따른 인센티브 정책이 분명하게 설정되어 있으니 지금 상황보다는 유리해질 수 있어. 새로운 경험을 해봐도 좋을 것 같고."

생활고를 겪고 있는 직원에게 영업직으로 옮기도록 권하면, 대체로 문제들이 해결된다. 물론 적성이 맞을 경우지만 말이다.

영화 「킹콩을 들다」의 이지봉 선생처럼

지금은 직원 수가 많아져서 내가 일일이 관리하지 못하지만, 최근까지도 각 팀장들에게 반드시 팀원의 멘토링을 3개월에 한 번씩은 하라고 지시했다. 훌륭한 인재를 키우려면 그 인재에게 관심과 애정을 쏟아야 한다. 더불어 회사가 개인의 비전을 받쳐줄 만한 여건이 됨을 상기시키고 미래에 대한 불안감을 해소해줄 필요가 있다.

물론 나 역시 바쁘다는 핑계로 팀장들한테 책임을 일임했지만, 영화 「킹콩을 들다」를 보면서 스스로에 대해 많은 반성을 했다. 시골의 보성여중에 신설된 역도부의 코치를 맡게 된 이지봉 선생님은 역도부 한 사람 한 사람을 그야말로 살뜰하게 챙기며 온 정성을 쏟는다. 어려운 가정형편 때문에 거의 고아나 다름없이 자란 아이들에게 선생님이 보내는 굳은 믿음과 애정은 그들이 역경을 헤쳐나가는 데 큰 힘이 되어 준다. 맨땅에서 대나무봉으로 역도 연습을 한 그들이 올림픽에서 금메달을 따는 훌륭한 선수로 성장하게 된 건, 바로 그들의 놀라운 잠재력을 발견해낸 선생님의 애정과 관심 덕분이었다.

나는 이 영화를 관람한 뒤 우리 직원들의 소소한 아픔과 고민까지도 더 세심하게 관심을 기울여야겠단 다짐을 했다. 물론 따로 시간을 내는 게 쉬운 일은 아니지만, 모니터상에서 사내메신저로 한 번쯤 말을 거는 건 그리 어렵지 않았다. 그러니 적어도 3개월에 한 번씩은 직원에게 이렇게 말을 걸어보자.

"요즘 고민은 없고?"

밤에는
회사 불을 꺼라

직장생활을 할 때 저녁 약속을 잡아놓고 퇴근 시간이 돼도 자리에서 못 일어선 때가 많았으니, 이유는 뒤통수가 가려워서였다. 뒤쪽에 상사가 버젓이 앉아 업무를 보고 있는데, 어찌 말단 직원이 대담하게 자리에서 일어날 수 있겠는가. 그저 속을 태우며 째깍거리는 시계만 바라보고 있을 수밖에.

가만히 생각해보면, 이런 게 바로 조직의 분위기인 것 같다. 대놓고 뭐라고 하진 않지만 조직의 묘한 분위기가 부하직원이 상사보다 먼저 퇴근하는 걸 고깝게 보도록 하는 것이다. 그러면 그 기운에 눌려 절대 정시 퇴근을 할 수 없게 된다.

보통 IT 회사라고 하면 통념상 야근이 많을 거라고 생각할 것이다. 매일 밤샘하는 프로그래머들은 건강도 나쁘고, 개인 시간도 없을 터이니 배우자로서 별로라는 말까지 나도는 걸 보면 말이다. 하지만 나는 야근문화를 그리 좋아하지 않는다. 아니 좀더 솔직히 얘기하면 탁월한 기획과 기술로 승부해야지, 굳이 직원들의 노동력을 쥐어짜내서 돈을 벌고 싶은 맘은 없다.

물론 회사를 설립하던 초창기에는 나까지 합쳐 대여섯뿐인 직원들이 거의 합숙하다시피 했는데, 직원들에게 참으로 미안했다. 그래서 회사가 자리를 잡아가면서부터는 중요한 프로젝트가 있으면 나와 팀장급들만 야근을 하고 직원들은 모두 정시 퇴근시키자는 주의를 고집했다. 회사 분위기 자체가 그러니, 퇴근 시간이 되었다 해도 눈치 보는 직원도 눈치 주는 상사도 없다. 그날의 자기 업무가 끝나는 순간 쿨하게 자리를 떠도 되는 것이다.

고객을 상담해야 하는 콜센터의 경우엔 밤과 낮 근무를 교대로 해야 한다. 또 광고주가 요구한 기한이 촉박할 때엔, 관련 팀들은 야근을 해서라도 정해진 날짜에 일을 마쳐야 한다. 이럴 경우엔 반드시 야근수당을 챙겨주었다. 야근수당 역시 ERP로 체계적으로 관리하고, 만일 오류가 있을 시엔 본인 확인 후 바로 수정이 이뤄지니, 월급날 제대로 계산되지 않고 입금되는 일 같은 건 없다.

회의도 마찬가지다. 쓸데없이 길게 늘어지는 회의는 좋아하지 않는다. 또한 퇴근 시간을 넘기면서까지 회의를 끌고 싶지 않아, 항상 마지막 회의 시간은 5시로 잡는다. 간단하게 업무사항을 보고받고, 나 역시 간단하게 지시사항만 전달하면 한 시간 안에 회의를 끝마칠 수 있다. 만일 이런저런 아이디어가 오가야 하는 회의라면 아예 점심시간 이후로 잡아서 여유 있게 진행한다. 아침 회의역시 오전 10시로 잡아 회의 때문에 조금 더 일찍 와야 하는 상황은 만들지 않는다.

단, 한 달에 한 번 전체 직원회의가 있는데, 이는 5시 30분에 시작하므로 보통 6시 30분은 돼야 회의를 마칠 수 있다. 이때는 직원들이 출출할 걸 대비해 요깃거리를 단체맞춤 해둔다. 그러면 회의 시간 연장에 대한 부담도 줄어든다.

직원도 붙잡고, 전기도 아끼고

머리를 많이 써야 하고 창의성을 발휘해야 하는 직업군인데, 책상머리에 오래 앉아 있는다고 해서 반짝이는 아이디어가 나오는것은 아니다. 쉴 때 충분히 쉬고 근무시간에 집중하는 게 훨씬 효율적이지, 야근하고 다음 날 피곤해서 꾸벅꾸벅 조는 건 바람직하지 않다. 회사에 이득이 될 만한 기발한 아이디어를 내는 건 적극장려하지만, 그런 아이디어는 오히려 일상생활 속에서 튀어나오는것이지, 자리에 꼿꼿하게 앉아 있을 때 나오는 것이 아니다. 나 역시 영화를 보거나 운전 중일 때 혹은 지인들과 대화를 나누는 도중에 아이디어가 나오는 경우가 많다. 직원들도 아이디어에 욕심이 있다면, 장소에 구애받지 않고 좋은 아이디어를 낸 후 다음 날

회의 시간에 보고하면 된다. 괜찮은 아이디어여서 업무에 반영이 될 땐 충분한 포상도 해주니, 머리를 안 쓸 이유가 없다.

후이즈에 장기근속자가 많은 이유에 대해 직원들에게 일일이 물어보진 않았지만 아마도 야근문화가 없기 때문이 아닐까 싶다. 나 역시 회사를 관둔 이유가 새롭게 출근하게 될 건설현장이 집과 너무 먼 까닭에, 새벽같이 일어나고 저녁 일찍 자야 해서 힘들었기 때문이다. 개인 시간을 전혀 갖지 못했던 터라 아무리 통장에 돈이 쌓여도 재미없는 인생을 사는 듯했다.

일 못지않게 자신의 여가를 소중하게 여기는 게 요즘 직장인들의 가치관이다. 근무시간 대비 월급을 섭섭지 않게 주기만 한다면, 굳이 야근까지 해가면서 돈을 벌기 위해 회사를 옮길 이유가 없는 것이다.

일을 할 때 사람을 한꺼번에 너무 몰아붙이면 오래 버티지 못하는 법이다. 보통 퇴사하는 사유 중 하나는 몸이 안 좋아서이질 않은가. 일은 즐겁게 해야 오래할 수 있지, 죽기 살기로 매달리면 결국 몸부터 탈 나고 만다. 그런 까닭에 야근은 별로 권장하고 싶지 않다. 물론 업종에 따라 예외적인 경우가 생길 수 있지만 말이다.

야근을 줄이되 야근을 해야 할 경우 더 많은 금전적 보상을 해주는 것, 이것이 야근에 대해 사장이 지켜야 할 원칙이라고 생각한다. 아무리 작은 회사를 운영해도 이 원칙만큼은 지켰으면 좋겠다. 또한 밤에 회사 불을 끄는 것은 에너지를 절약하는 지름길이기도 하니 일석이조가 아니겠는가.

사사건건 간섭하면
직원이 기죽는다

특정 직원과 오랫동안 일해 손발이 척척 맞는 느낌이 오기 전까지는 직원에게 일을 던져놓고 뒤돌아서서는 못내 불안하다. 그렇다고 사장이 무게감 없이 몇 시간마다 좌불안석하며 "일은 제대로 진행되고 있나?"라고 확인하며 간섭하는 건 곤란하다. 지나치게 간섭하면 직원 입장에선 긴장이 더해져 실력 발휘를 제대로 못할 수도 있기 때문이다. 하지만 반대로 세월아 네월아 하며 직원이 결과물을 가져올 때까지 하염없이 기다릴 수만은 없는 노릇이다. 과연 직원의 업무 체크는 어떤 식으로 하는 게 가장 좋을까?

보고서는 직원의 행적이다

직원의 업무 결과물은 사장이 뒷짐 지고 다니면서 일일이 체크할 필요가 없다. 그래 봤자 직원들에게 눈치 없는 사장이라는 인상만 줄 뿐이니, 모든 지시사항에 대해 '업무일지' 보고서를 받도록 하자.

업무일지는 보고한다는 개념 이전에, 직원 입장에선 스스로와 맺는 일종의 약속이다. 그러므로 책임감이 강한 직원은 자기가 작성한 내용을 스스로 지키려고 노력할 것이다. 그것만 봐도 성실성이 체크된다. 또한 보고서는 기록으로 남으므로 사장에게 보고가 올라간 이상 직원 맘대로 없앨 수 없다. 때문에 제대로 지키지 않을 경우, '하겠다고 말만 하고, 실행은 안 하는 직원'이라고 증명하는 셈이니 인사고과에서 불리해질 수밖에 없다.

"김 대리 보고서에는 지난 달까지 마무리 짓겠다고 되어 있던데, 제대로 안 했네?"

결국 스스로 공언한 걸 지키지 못했단 증거가 있으니 성과평가나 승진에서 불리해져도 할 말이 없다. 이는 학생으로 따지면 생활계획표와 같다. 계획표대로 공부를 한 학생은 시험 성적이 좋을 수밖에 없을 것이다. 반대로 계획만 짜놓고 이를 안 지키는 학생이 결과가 좋을 리 없는 건 당연하다.

업무일지를 쓰는 습관은 단계적으로 들여야 한다. 입사 초기에는 매일 퇴근 시간에 보고서를 제출한 후 퇴근하도록 하고, 적응이 됐다 싶으면 주간업무일지를 쓰도록 하면 좋다. 이렇게 하면 사장이 일일이 간섭할 필요도 없을 뿐 아니라, 나중에 보고서만 체크해도 성실한 직원인지 말만 앞서고 행동은 안 따르는 친구인지 판가름할 수 있다.

한편 보고서는 종이 문서보다 문서 자체를 시스템화해 PC에 저장해두는 게 좋다. 즉 언제 어디서든 확인이 가능하고 분실 위험이 없는 전자 시스템이 훨씬 효과적이란 얘기다. 그래야 직원에게 당근과 채찍을 적절하게 줄 수 있다.

사장에게 보고서는 고해성사

보고서를 직원만 쓰란 법은 없다. 사장 역시 보고서를 쓰는 습관을 들이자. 목표만 거창하고 실행은 굼뜨지 않은지 스스로를 체크할 필요가 있기 때문이다. 사실 사업을 해나가다 보면 해야 할 일도 많고 하고 싶은 일도 많은데, 여건상 맘먹은 대로 잘 안 되는 경우가 많다. 그런데 기록해두지 않으면 스스로 '그럭저럭 잘하고 있겠지?'라고 믿고 안주하게 된다. 인간은 망각의 동물이고, 자신에게는 좀더 관대한 편이라 스스로 잘한 것만 기억하는 경향이 있기 때문이다.

그럴 때 정기적으로 자신이 작성했던 보고서를 열어 보라. 아마 부끄러워 얼굴이 화끈거릴 것이다. 목표한 것의 반의반도 지키지 못했다는 게 여실히 드러나기 때문이다.

사장이 쓰는 보고서는 일종의 고해성사다. 잘 지키지 못한 것에 대해서는 스스로 반성한 후 심기일전하여 나아가야 한다. 직원과 달리 사장은 스스로 관리하고 체크해야 하는데, 이때 기록만큼 정확한 게 없다.

직원의 횡령사고로
패사할 수도 있다

잊을 만하면 한 번씩 등장하는 뉴스가 바로 기업의 횡령사고다. 2011년, 한 인터넷 장비 대여업체에서도 횡령사고가 일어났다. 경리 담당 여직원이 1년여 동안 무려 296차례에 걸쳐 16억이 넘는 공금을 빼돌린 것이다.

그 회사는 할부로 구입한 장비를 고객에게 판매하거나 대여해준 뒤 받은 돈으로 할부금을 되갚는 방식을 통해 영업하고 있었다. 때문에 경리 담당 여직원은 매일 소액을 회사 통장에서 인출해도 잘 알아차리기 힘들다는 점을 악용해, 200만~500만 원을 매일 자신의 통장으로 이체했다.

하지만 바늘도둑이 소도둑 되는 법. 1년 정도 그렇게 해도 아무도 알아차리지 못하자 한 차례에 3천만 원을 이체할 정도로 대범해졌다. 결국 그녀의 범행은 회사를 2개로 분리하기 위해 회계내역을 정리하는 과정에서 드러났고, 그녀는 고소당했다. 하지만 이 회사는 그녀가 가져다 쓴 16억 원을 되돌려 받지 못해 영업정지를 맞았다. 직원의 횡령사고로 회사가 문을 닫을 위기에 처한 것이다.

인터넷뱅킹의 허점이 부른 참극

이 뉴스를 보면서 나는 옛일이 생각나 다시 한 번 가슴을 쓸어내렸다. 나 역시 사업 초기에 이와 비슷한 일을 겪은 적이 있기 때문이다. 철석같이 믿었던 회계 담당 직원이었는데, 3년에 걸쳐 2억여 원을 횡령해온 사실이 밝혀진 것이다. 어떻게 이런 일이 3년 동안 아무도 모르게 일어날 수 있었을까?

보통 후이즈는 인터넷뱅킹으로 거래처에 송금을 하는데, 이때 받는 사람의 이름을 임의로 변경할 수 있는 점을 이용한 것이다. 그 직원은 이체계좌를 자신의 친척 등 지인의 계좌로 설정해두고, 마치 협력업체에 송금을 한 것처럼 받는 사람의 이름을 바꿔 감쪽같이 속일 수 있었다.

나는 담당자가 처리한 내역을 출력한 문서로 보고받고는 별 문제가 없다고 생각해 넘어갔다. 이 경우 사장이 담당업체에 일일이 전화해서 "입금 정확히 됐지요?"라고 묻지 않는 이상 이 사실을 알 수가 없다.

하지만 꼬리가 길면 밟히는 법이다. 횡령 3년째 되던 해에 그녀가 계좌번호와 받는 사람의 이름을 일치시키는 걸 깜박하는 바람에 그동안의 행각이 드러나고 말았다.

상상도 못했던 일을 겪은 나로서는 이를 어떻게 처리해야 할지 그저 난감하기만 했다. 방으로 직원을 불러 왜 그랬느냐고 묻자, 그녀는 울먹이며 출산 후 몸무게가 너무 느는 바람에 몸매 관리 비용이 필요했다고 말했다. 결국 산후 우울증으로 인해 해서는 안 될 일을 저지르고 만 것이다.

"2억 원을 다시 회사 통장에 입금시키면 없던 일로 해줄게."

"돈을 다 써버렸어요, 사장님."

"2억 원을 그새 다 썼다고?"

정말로 그녀의 수중엔 한 푼도 없었다. 이 사실을 알게 된 회계팀장은 봐주는 일은 절대 있을 수 없다며 펄쩍 뛰었다. 결국 믿고 함께 일해오던 직원을 고소해야 하는 참극이 벌어지고 말았다.

돈의 유혹이란 건 실로 무섭다. 처음엔 '들키면 어쩌지?'란 새가슴으로 한두 번 빼돌리다가, 아무도 알아채지 않으면 누구나 대범해지기 마련이다.

사장이 직원을 의심하는 건 절대 있어선 안 될 일이지만, 개인적인 자금 사정이 복잡해지면 누구라도 검은 유혹에 빠져들 수 있다. 그러니 아예 이런 수법을 쓸 수 없도록 시스템으로 사전에 막아두는 게 좋다.

즉 ERP시스템을 통해 자금 결재라인과 통장 입출금라인을 철저히 분리시킬 필요가 있다. 이런 내부통제 시스템을 제대로 갖추지 않으면, 작은 회사의 경우 까딱하다간 패사까지 할 수 있으니 꼭 명심해야 한다. 잘 갖춰진 시스템은 회사를 기능적으로 돌아가게 할 뿐만 아니라 한순간의 유혹으로 직원이 자신의 인생을 망치는 일 역시 막을 수 있다.

직원이 임의로 설치한
불법 소프트웨어를 잡아내라

사실 내가 막 사업을 시작했을 때만 해도 소프트웨어 저작권이란 개념 자체가 희박했다. 불법 소프트웨어 단속이라고 해봤자, 지적재산권에 관한 미국의 통상 압력이 있을 때나 연례행사처럼 하곤 했다.

하지만 요즘은 사정이 다르다. 단속기관도 대폭 늘어났으며 1년 365일 수시로 소프트웨어의 품목과 버전을 조사하고 있다. 그러니 직원 서너 명을 데리고 일하는 작은 회사라고 해서 불법 소프트웨어를 썼다간 불시 단속으로 곤경에 처할 수 있으니 주의할 필요가 있다.

불법 소프트웨어, 몰래 써도 될까?

실제로 직원 20여 명을 둔 한 디자인 회사의 경우, 저작권에 대한 별 개념 없이 불법 소프트웨어를 쓰다가 그만 벌금과 과태료로 무려 20억 원 가까이 물고 도산하기도 했다. PC 1대당 징수금이 1억 원씩 나온 셈이다. 잘 나가던 회사가 불법 소프트웨어 단속 한 번에 회사 문을 닫아야 했으니, 그 사장의 속이 얼마나 까맣게 타들어갔겠는가.

또 직원 5명을 부리는 작은 회사에 5천만 원 이상의 벌금이 나와 울상을 짓는 경우도 보았는데, 이 경우 대표이사 역시 형사처분을 받을 수 있다.

사실 디자인 관련 회사들의 경우, 소프트웨어 값이 높아 어쩔 수 없이 편법을 쓰는 경우가 많다. 아무리 수주 상황이 좋아도, 회사가 가파른 성장을 하다 보면 그만큼 필요한 비용들이 많아지기 때문이다.

인건비, PC 등의 각종 비용들이 만만치 않은데, 이를 다 충당하려다 보면 다른 쪽으로는 자금 회전이 잘 되지 않아 도산하기 십상이다. 그러니 디자이너가 쓰는 1대의 PC에 필요한 소트트웨어를 모두 정품으로 구입하려면, 그야말로 사장의 등골이 휜다고 해도 과언이 아닐 것이다.

나 역시 그런 까닭에 초반엔 아래한글, MS워드, 엑셀 등은 합법적으로 썼지만 고가의 소프트웨어는 불법으로 사용할 수밖에 없었다. 하지만 요즘 같은 분위기에선 절대 그런 것이 허용될 수 없기에 전 직원 200명의 PC에 깔리는 소프트웨어 일체를 정품으로 바꾸었다.

그런데 그렇다고 안심할 수는 없다. 직원들이 개인적으로 이런저런 프로그램을 불법으로 다운받아 깔아놓는 경우가 왕왕 있기 때문이다.

예를 들어 설계 도면을 보기 위해 잠깐 캐드 도면 파일을 불법으로 깔았다면, 이미지를 확인한 후에 지워야 하는데 깜박하고 안 지워서 벌금을 물 수도 있는 것이다.

퇴사한 직원이 불법 소프트웨어를 깔아놓고 안 지웠어도 마찬가지다. 무조건 PC 대수대로 벌금을 물어야 하며, 아무리 사장이 모르는 사이에 일어난 일이라 해도 벌금은 회사가 부담해야 한다. 더불어 양벌 규정이어서 대표이사는 형사처분을 받는다.

이런 불미스러운 일을 없애기 위해서 후이즈는 아예 불법 소프트웨어를 깔면 자동으로 체크가 되어 당일 오후 12시에 삭제하라는 자동 삭제 권고 메시지가 나가도록 시스템을 갖추었다. 이는 후이즈가 개발한 스마트경영시스템 안에 있는 프로그램이다.

선처 가능한 선에서 유연성을 발휘하라

후이즈는 이제 모든 PC에 정품 소프트웨어를 깔아도 될 만큼 제법 규모를 갖추었지만, 갓 문을 연 신생 회사가 모든 소프트웨어를 정품으로 구입하는 건 꽤 부담일 것이다.

그럴 때는 형편에 맞게 구입하는 것도 방법이다. 지금껏 지켜본 결과 단속반이 영세한 회사를 대상으로 그렇게 빡빡하게 굴지는 않는 것 같다. 그러니 PC가 5대라면 2개만이라도 정품으로 깔아둔 뒤, 단속이 나왔을 때 "3대는 신입사원의 PC라 미처 정품 구입을 못했습니다"라면서 선처를 부탁해보자. 그러면 어느 정도 위기를 모면할 수 있을 것이다. 그런 후 나머지 3대의 소프트웨어는 회사 매출이 늘어날 때마다 하나씩 마련해가면 된다. 하지만 5대 모두 불법 소프트웨어를 사용하는 무데뽀 정신은 절대 금물이다. 괘

씸죄 적용으로 개수만큼의 벌금과 과태료를 물어야 할 것이기 때문이다.

후이즈 사무실이 있는 구로디지털단지에 단속반이 떴다 하면, 아예 회사 문을 꽁꽁 걸어 잠그고 직원들 PC를 창문 밖으로 던져 버리는 사장도 있다. PC값이라 해봐야 100만 원 정도밖에 안 되지만, 벌금은 적어도 1대당 300만 원이니, 차라리 버리는 게 회사를

근태도 안 좋고, 업무 실력도 미달에다 사내 분위기까지 흐리는 직원이라면 권고사직을 시킬 수밖에 없다. 회사를 운영하면서 이런 직원이 한두 명은 생기기 마련이다. 그럴 때는 반드시 경위서를 받아놔야 뒤탈이 없다. 예전에 이런 직원을 그냥 내보낸 적이 있는데, 그 후로 얼마 뒤에 노동부에서 연락이 왔다. 그 친구가 노동부에 제소를 했던 것이다. 노동부에 불려갔더니, 권고사직시킨 이유를 물었고, 위의 이유를 댔더니 "경위서는 받아뒀습니까?"라고 물었다. 경위서를 받아두지 않았으면 단지 근태가 나쁘다는 이유로 권고사직을 시킬 수는 없다는 것이었다. 결국 그 직원을 다시 복직시킬 수밖에 없었다. 물론 이런 경우 다시 복직을 희망하는 직원은 드물 것이다. 하지만 그 직원은 복직을 원했고, 결국 복직 후 회사 분위기를 더 흐려놓는 바람에, 월급의 두 배를 주고 사정사정해서 퇴사를 종용했던 적이 있다. 그때 다시 한 번 경위서와 근태관리시스템의 중요성을 뼈저리게 느낄 수 있었다.

살리는 길인 것이다. 이런 극단적인 행위를 하는 것보다는 적당한
선에서 정품을 구입해 유연성 있게 해결하는 게 현명한 방법일 것
이다.

효율을 떨어뜨리는
잡음을 제거하라

① 최고의 업무 효율을 위해 업무의 제반 상태를 신경 써야 하는
게 사장의 의무이다. 직원들이 표준화된 업무 체계 속에서 자
유롭게 움직이고 있는지, 회의 시간은 적정한지, 회의 방법은
민주적이며 합리적인지 등등 그 하나하나가 업무의 최적 조건
을 결정한다.

② 사장들이 빠릿빠릿한 직원들을 선호하듯, 직원 역시 빠릿빠릿
하게 움직이는 회사를 선호한다. 경비 한 번 타기 위해 일주일
씩이나 기다리며 신경을 곤두세워야 하는 회사라면 직원 입장
에서도 대단히 갑갑할 것이다. 직원들에게 최대한 업무 이외의
스트레스를 주지 않는 게 중요하다.

③ 연차가 높아질수록 지위가 올라갈수록 파일은 그만큼 다양해
지고 복잡해진다. 이것을 효율적으로 관리하지 못하면, 예전 자

료 하나 찾을 때마다 머릿속은 그야말로 패닉 상태에 빠지고 만다. 당황하지 않고 안정적인 상태에서 일을 잘하려면 폴더 관리를 잘해야 한다.

④ 사장이 쓰는 보고서는 일종의 고해성사다. 잘 지키지 못한 것에 대해서는 스스로 반성한 후, 더 정신 차리고 앞으로 나아가야 한다. 직원은 사장이 관리하지만 사장은 스스로 관리하고 스스로 체크해야 한다. 이때 기록만큼 정확한 게 없다.

⑤ 내부통제시스템을 제대로 갖추지 않으면, 작은 회사의 경우 까딱하다간 정말 패사할 수 있다. 잘 갖춰진 시스템은 회사를 기능적으로 돌아가게 할 뿐만 아니라, 한순간의 유혹으로 직원이 자신의 인생을 망치는 일 역시 막을 수 있다.

[마케팅의 최전선]

시장을 선점한 것처럼 행동하라

작은 회사일수록
커 보이는 마케팅이 필요하다

13년 전 내가 여러 사업 아이템 가운데 '도메인'을 선택할 수밖에 없었던 이유는 창업 비용이 거의 들지 않았기 때문이다. 돈 한 푼 없는 신용불량자에겐 더없이 좋은 아이템이 아닐 수 없었다. 당시 나는 신촌의 한 허름한 서민형 임대아파트에 살고 있었는데, 결국 그 아파트의 작은 방에서 노트북 하나로 1인 창업을 한 셈이다.

메인 페이지 디자인과 도메인 검색엔진 링크만 외주 업체에 20만 원을 주고 맡기고, 나머지는 모두 혼자 'HTML(Hyper Text Markup Language)' 관련 책을 보면서 웹사이트를 직접 만들었다. 사이트의 이름은 전산 용어 중 도메인 검색엔진 이름인 후이즈(whois.co.kr)로 정했다. 이것이 이후 법인 설립을 하면서 '(주)후이즈'라는 회사

명이 된 것이다.

창업 초기에 처음 부딪친 문제는 바로 사업자등록증을 내는 일이었다. 그 당시만 해도 일반 빌라나 아파트 등의 주거용 주택에는 세무서에서 사업자등록증을 내주지 않았던 것이다. 그렇다고 작은 사무실 하나를 내려면 임대보증금에 월세까지 내야 하는데, 돈이 없었으니 난감하기만 했다.

'어떻게 하지?'

머리를 굴리다 문득 생각난 것이, 이대 근처에 있는 사촌누나의 세탁소였다. 세탁소 안에 조그만 골방이 있으니, 거기를 사업장으로 하면 사업자등록증이 나올 것만 같았다. 서둘러 누나의 허락을 얻고 세무서에 신고를 했더니 곧바로 며칠 후 세무서에서 조사를 나왔다.

"사업장이 어디라구요?"

나는 멋쩍은 듯 작은 골방을 보이며 세무서 직원에게 말했다.

"여기가 바로 제 사업장입니다."

아파트를 오피스텔로 바꾼 이유

1999년 1월 1일 이렇게 해서 나는 1인 사업자가 되었다. 비록 현실은 초라했지만, 내 포부만큼은 원대했다.

'인터넷 회사인데, 내 사업장이 골방인 걸 사람들이 알 턱이 없잖아?'

나는 혼자 싱글벙글거리면서 중얼거렸다. 그러고는 인터넷 사이트 하단에 그럴듯한 회사명을 만들어 두었다.

'정보전략 컨설팅그룹 디비딥(DBdip)'

그룹이라고 쓰니 갑자기 스케일이 달라보였다. 그때부터 나는 그럴싸한 컨설팅그룹의 CEO가 된 것이었다. 명함 역시 그렇게 써서 만들었다. 그런데 주소가 문제였다. 명색이 회사인데 우편물 받을 주소를 내가 살고 있는 '○○아파트'라고 표기할 순 없질 않은가. 생각 끝에 나는 아파트 대신 '오피스텔'로 표기하고 110동 1307호를 오피스텔처럼 110-1307호로 바꾸어 홈페이지 하단에 올려두었다. 그런 후에 혹시라도 우편물이 반송될까 염려돼 우체부 아저씨께 음료수를 사드리며 부탁했다.

"아저씨, 저희 집 앞으로 오는 우편물이 오피스텔로 쓰여져 올 거예요. 그래도 이상하게 여기지 마시고 잘 좀 넣어주셔요."

"여기가 아파트지 왜 오피스텔이야?"

아저씨는 뭐 이런 이상한 놈이 다 있냐며 날 위아래로 훑어보셨지만, 난 그저 웃음 띤 얼굴로 간곡히 부탁했고 결국 "그렇게 하마"라는 확답을 받아냈다.

다음은 전화 응대였다. 분명 고객들의 문의전화가 올 것이었으므로 전화를 받을 직원이 필요했다. 당시 나는 서울에서 대학을 다니고 있던 남동생과 함께 살고 있었다. 그래서 남동생을 고객관리를 담당하는 알바생으로 쓰기로 했다.

"수익이 나면 형이 월급을 줄게. 그러니까 나 없을 때 전화 오면 상냥하게 받아야 해. 우리 회사 이름은 정보전략 컨설팅그룹 디비딥이다. 알았지? 실수하지 말고 제대로 해야 된다."

"형, 진짜 나 월급 주기다?"

동생도 월급을 준다는 말에 흔쾌히 오케이를 했다. 그렇게 우리는 컨설팅그룹의 CEO와 고객관리 직원이 되었다. 좀 과하기는 하지만 어쩔 수 없는 포장을 좀 한 것이다.

포털 이메일은 NG

이것은 결과적으로 꽤나 유효한 전략이었다. 얼마 후 후이즈 기사가 신문에 나면서 하루 접속자가 2천 명이 넘더니, 1인 창조기업으로서 사업을 개시한 첫 달에 2천만 원이 넘는 돈이 통장에 입금되었기 때문이다. 결국 제법 체계를 갖춘 회사라는 이미지를 심어줘 고객에게 신뢰를 얻은 셈이다.

여기서 내가 얻은 교훈은 회사가 작을수록 아이덴티티(Identity)를 분명히 할 수 있는 장치를 마련하는 게 매우 중요하다는 것이다. 로고도 만들고, 홈페이지도 신경 써서 만드는 게 좋다. 그런 것 하나하나가 사업파트너로서 회사를 신뢰할 수 있도록 만들어주기 때문이다.

이메일 역시 마찬가지이다. 포털 이메일을 쓰기보다는 골뱅이 뒤에 회사 도메인을 사용하는 것이 전문성을 갖춘 느낌을 준다. 혹독립 도메인 메일은 비쌀 것이라고 오해하는 사람들이 많은데 절대 그렇지 않다. 월 2만 원 정도면 전 직원이 모두 자사 도메인의 회사 이메일을 가질 수 있다. 회사의 아이덴티티를 확보하는 데 이 정도는 결코 큰 비용이 아닐 것이다.

작은 회사라고 해서 주눅 들 필요가 없다. "시작은 미약했으나 그 끝은 창대하리라"라는 말에 믿음을 갖고, 회사의 정체성을 당당하고 명확하게 표현하자. 내가 사용한 다소의 과장법은 초창기엔 약방에 감초 같은 역할을 한다. 그것이 결국 회사 이미지를 그려내고 사장을 돋보이게 만들어준다.

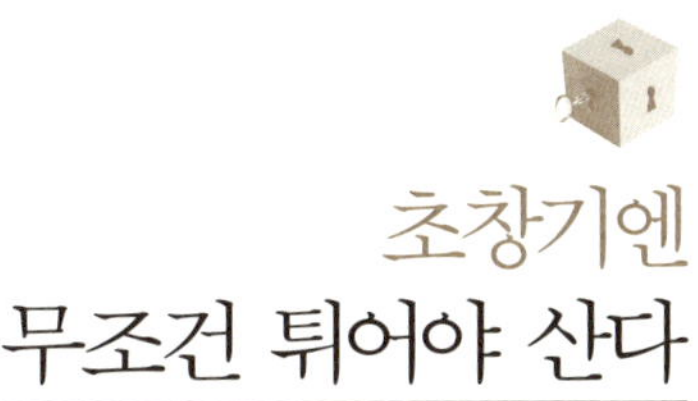

초창기엔
무조건 튀어야 산다

'whois.co.kr' 사이트를 부랴부랴 오픈한 이후 나는 홍보의 필요성을 절실히 느꼈다. 사이트를 알리지 않으면 어떤 고객도 우리의 존재를 알 수 없기 때문이다. 하지만 빚이 한가득인데, 광고비가 있을 턱이 만무했고, 광고비가 전무하니 홍보 외에는 방법이 없었다.

그때 친분이 있던 학생신문 기자가 홍보를 하려면 '연합뉴스'에 기사를 내는 것이 가장 효과적이라는 말을 해주었다. '연합뉴스'에 기사가 올라가면 그 기사 내용을 신문사의 기자들이 공유하게 되는데, 운이 좋으면 신문사 여러 곳에 기사가 실릴 수 있다는 것이었다. 그러면서 연합뉴스 기자의 전화번호를 알려주었다. 자신의 소개로 전화하게 되었다고 하라는 말도 덧붙였다.

"전화 한번 해보셔요. 얘기가 잘 풀리면 신문에 쪽기사라도 내줄지 모르잖아요."

그 당시만 해도 남에게 아쉬운 얘기를 절대 못하는 내성적인 성격이라 마음이 무척 버거웠지만, 어쨌든 사이트의 존재를 알리려면 적극적으로 홍보를 해야 했으니 어쩔 수가 없었다. 나는 소개받은 기자에게 전화를 걸어 떨리는 목소리로 말했다.

"저기…… ○○○ 기자님이신가요?"

"그런데요. 어떤 일로 전화하셨죠?"

생전 처음으로 기자에게 전화를 하자 촌스럽게도 무진장 떨리기 시작했다. 게다가 상대방이 딱딱한 목소리로 왜 전화했냐고 물으니, 목소리가 더더욱 모깃소리만 해지며 이마에서는 땀까지 삐질삐질 났다.

"저기 다름이 아니라 도메인…… 아, 제가 도메인 등록 사이트를 하나 만들었거든요. 국내 최초로요."

"도메인 사이트요? 국내 최초라…… 아, 그거 이미 나와 있을 텐데요."

이미 사이트가 나와 있다는 말을 듣는 순간, 아무 생각도 나지 않으면서 눈앞이 캄캄해졌다.

'누가 나보다 먼저 치고 나갔네. 첫 사업부터 좌절이구나. 앞으로 이 생활고를 어찌 해결해야 하나.'

간신히 정신을 차리고 전화를 끊으려던 찰나, 그렇다면 그 최초라는 사이트의 주소라도 알아야겠다는 생각이 들었다.

"저, 혹시 그 사이트 주소가 어떻게 되는지 알려주실 수 있으신가요?"

"아, 그거 후이즈였던 것 같은데……."

"저 그 도메인 주소가 'whois.co.kr'인 후이즈 말씀하시는 거 맞나요?"

"맞는 거 같습니다."

다시 눈앞에 광명이 비쳤다.

"그거요? 그걸 제가 만들었거든요."

"네? 후이즈를 만드셨다고요? 저, 그럼 지금 바로 저희 회사로 와주실 수 있나요?"

그렇게 나는 연합뉴스의 기자를 만나게 됐다.

신문기자에게 소스를 제공하라

지금 생각해보면 정말이지 하늘이 날 도와준 것만 같다. 홍보도 시도하기 전에 이미 연합뉴스의 기자가 내 사이트를 알고 있었으니 말이다.

이는 내가 1998년 12월 1일 '디비딥'이라는 개인 회사를 만들고 사이트 오픈을 준비하고 있던 차에 곧바로 빅이슈가 터졌기 때문이다. 석유회사인 엑슨과 모빌이 합병을 한 것이다. 그리고 합병이 이루어지기 전에 이 사실을 알게 된 국내의 문모 씨가 엑슨모빌

관련 도메인 4개를 발 빠르게 등록했다. 합병으로 탄생한 회사는 회사명을 '엑슨모빌'로 그대로 사용하면서, 결국 문모 씨에게 10억 원의 거금을 주고 관련 도메인 4개를 모두 사들여야 했다.

사실 내가 후이즈 사이트(whois.co.kr)를 만들기 몇 달 전만 해도 한국 IT시장에서 도메인에 대한 관심과 이해도는 거의 전무한 상태였다. 회사를 차리기 전에 나는 도메인 시장이 뜰 거라 예감하고 관련 도서를 낼 참이었다. 그래서 도메인에 관련된 거의 모든 정보를 연구하여 정리한 책을 출판하고자 제법 굵직한 출판사를 두 곳이나 찾아갔는데, 모두 딱지를 맞았다. 그런 책은 너무 생소해서 출판해도 거의 판매가 되지 않을 것이라는 게 거절 사유였다.

그런데 상황이 급속하게 달라졌다. 엑슨모빌의 도메인 구매로 순식간에 10억 원을 벌어들인 사람에 대한 기사를 본 연합뉴스 기자는 도메인이란 검색어로 인터넷을 뒤졌고, 국내 유일의 도메인 등록 사이트인 디비딥을 발견한 것이다. 이후 디비딥을 유심히 지켜보고 있던 기자에게 디비딥 창업자는 한마디로 '제발로 찾아간' 셈이다.

'국내 최초 도메인 정보 사이트'

결국 연합뉴스에 이런 헤드로 기사가 나갔고, 이후 동아일보·한국일보·부산일보에 연이어 기사화됐다. 그러자 거짓말처럼 도메인 등록 문의전화가 폭주하기 시작했다. 하루에 무려 2천 통의 전화가 걸려왔다. 동생 혼자 받기에는 벅차서 아르바이트생을 따로 썼는데도 부족했고, 도메인 등록 업무를 처리하느라 나는 꼬박 밤을 지새워야 했다. 그렇게 해서 후이즈는 사업 첫 해, 무려 6억 5천만 원이라는 매출을 기록했다. 신용불량자의 인생역전이 시작된 것이다. 신문기사 몇 개로 일어난 기적 같은 일이었다.

사업을 시작한 사장들은 처음에 어떻게 홍보할 것인가에 대해 고심하기 마련이다. 어떻게든 고객에게 브랜드를 알려야 매출을 올릴 수 있기 때문이다. 처음부터 광고를 팡팡 터뜨리는 건 대기업에서나 할 수 있는 일이다. 대기업이야 사업론칭 시점부터 티저 광고를 통해 소비자들의 호기심과 관심을 이끌어내지만, 1인 창업자가 이런 광고를 내는 건 현실적으로 불가능하다. 비용도 비용이지만, TV나 라디오 같은 전파매체 광고는 어느 정도 입소문이 나고 유통채널이 잘 갖춰진 상태에서 진행해야 그만큼의 효과를 볼 수 있기 때문이다.

따라서 창업 초기엔 언론 기사화를 통한 홍보가 가장 효과적일 수밖에 없다. 내가 광고비를 들이지 않고 신문기사를 통해 그 효과를 톡톡히 본 것처럼 말이다. 물론 운때가 맞아 시너지가 컸지만, 꼭 이런 빅이슈가 터지지 않더라도 좋은 제품이나 서비스에 대한 홍보라면 분명히 효과를 볼 수 있으니 너무 걱정하지 않아도 된다.

신문기자들은 누구나 새로운 아이템에 목말라 한다는 점을 염두에 두자. 상품이나 서비스의 가치가 충분하다면 그들은 기꺼이 기사를 써줄 것이다. 하지만 그들에게 어필할 수 있으려면, 시장에 나와 있는 기성품과는 다른 독보적인 아이템이어야 한다. 이왕이면 거기에 독특한 이야기를 덧입혀보자. 이를테면 창업에 관한 스토리를 재미있게 짜본다든지, 아이템과 관련한 경품 이벤트를 구상해봐도 좋다. 이 모든 게 갖춰지면 언론사의 문을 두드려보라. 분명 어렵지 않게 열릴 것이다.

단순한 베끼기 경쟁으로는
살아남을 수 없다

사업을 시작하려는 사람들이 반드시 경계해야 할 게 있다. 이미 시장에서 확고히 자리잡은 아이템을 베끼는 것이다. 핵심 노하우를 그럴듯하게 모방한 후 저가 공세를 펼쳐 고객들을 빼앗아가는 일은 분명 상도에 어긋나는 일이다. 하지만 그럼에도 불구하고 어떤 업계에서든 이런 일이 비일비재하다. 사업하려는 사람은 많은 반면에 연구개발에는 상대적으로 게으른 탓이다.

지금까지 사업 현장을 쭉 지켜본 결과, 후발주자들이 저가 공세로만 고객을 차지하려고 하면 결코 시장에서 오래 버티지 못한다. 고객들은 바보가 아니다. 처음엔 상대적으로 싼 가격에 혹할 수는 있겠지만, 상품과 서비스의 질이 만족스럽지 못하면 금세 등을 돌리고 만다. 결국 저가 경쟁업체가 많아질수록 업계 질서만 어지러

126

워질 뿐이다.

페인트 업계에서 국내 1위를 차지할 정도로 탄탄하게 입지를 굳혀온 회사가 있었는데, 페인트가 돈이 된다는 소문을 듣고 달려든 저가 경쟁업체들의 등쌀에 못 이겨, 결국 이 회사는 비전이자 목표였던 해외 진출을 포기해야 했다. 국내 고객들을 다 빼앗기니, 매출이 뚝 떨어져 해외로 진출하는데 필요한 자금줄이 막혀버린 것이다. 결국 한국의 위상은 물론 국부가 쌓일 수 있는 기회를 놓쳐버린 셈이니, 심각한 경제적 손실이 아닐 수 없었다.

나는 도메인 등록 사이트인 디비딥으로 출발해서 그 이듬해 6월 후이즈로 사명을 변경하고 곧바로 법인 등록을 했다. 후이즈는 그때부터 지금까지 '도메인·호스팅·솔루션 1위 기업'으로 견고하게 자리매김하고 있다. 후이즈 로고 옆에 항상 이 캐치프레이즈를 사용했는데, 언젠가 공정거래위원회에서 조사가 나왔다. 우리가 허위 광고를 기재했다는 것이다. 알고 보니 경쟁업체 한 군데에서 공정거래위원회에 후이즈를 제소했던 것이다. 나는 곧바로 근거 자료를 제시하면서 이에 대응하기로 했다. 우리가 1위 기업인 건 명명백백한 사실이었기 때문이다. 그래서 한국인터넷진흥원에 의뢰해 도메인 등록 점유율 표를 받아 공정거래위원회에 보냈다.

"1위 맞네요."

객관적인 데이터가 있으니 그들도 할 말이 없었던 것이다. 안타깝게도 경쟁업체에서 선두업체를 괴롭힐 요량으로 이런 졸속한 행동을 한 것이다. 결국 이 캐치프레이즈는 공정거래위원회까지 인정한 훈장이 되었다.

상품경쟁력이 가장 중요하다

도메인 등록 사이트 중 후이즈는 여전히 부동의 1위를 자랑한다. 고객에게 차별성을 제공해주기 때문이다. 도메인 서버가 디도스(DDos) 공격을 당하는 것을 대비해 IP 대역대를 폭넓게 확보하여 분산 기술을 도입하고 있으며, 호스팅 서버에 대한 해킹 시도를 방어하기 위해 모든 호스팅 서버를 삼중 백업한 후 24시간 감시체제를 작동해주는 등의 독보적인 기술력으로 고객들을 만족시켜주고 있다.

어설프게 만들었다가 기술력이 부족해 문을 닫으면, 심각해지는 건 업계뿐이 아니다. 고객들 역시 엄청난 손해를 입게 된다. 예를 들어 도메인의 경우, 낙장이 되기 전까지 2년 동안 해당 도메인 업체가 메인서버 세팅을 해줘야 하는데, 회사가 연기처럼 사라져버리면 고객들은 그저 발만 동동 구를 뿐 방법이 없는 것이다.

뽀로로 상품은 비싸지만 소비자들은 거리낌 없이 지갑을 연다. 독보적이기 때문이다. 후이즈처럼 도메인으로 경쟁을 해보고 싶다면 선발업체들과 다른 차별점을 찾아야 한다. 남다른 기술력이나 완전히 새로운 아이템으로 새로운 고객을 타깃화하라. 가격이 높아도 팔릴 만큼 매력적인 아이디어가 필요하다.

문화행사와 결합하면
시너지 100배가 된다

후이즈가 사업 초반에 다양한 매체에 소개되면서 그 존재를 알렸다면, 그 이후 한 번 더 크게 도약한 건 의류브랜드 닉스(NIX)가 후이즈 홈페이지에서 도메인 이름 공모전을 열면서부터였다. 당시 상금이 총 3억 원이나 됐기 때문에 접속자 수가 어마어마했다. 닉스 자체에서 당연히 홍보를 했고, 그 물살을 타고 후이즈 홈페이지에 접속자가 넘쳐나면서 당시 서버가 다운될 정도였다. 사실 반응이 그 정도일 줄은 나조차도 예상하지 못했다. 그때 충격과 기쁨을 동시에 느끼며 깨달은 것이 바로 '문화행사와 결합하는 게 브랜드 이미지를 알리는 데 최고구나!'라는 거였다.

영화 시사회권과 트래픽 물물교환

특히 영화나 콘서트 등을 보기 좋아하는 나로서는 엔터테인먼트 쪽으로 자꾸 관심이 갔다.

'엔터테인먼트 분야와 윈윈할 방법이 없을까? 홍보에 엔터테인먼트 분야만큼 좋은 건 없을 텐데.'

이런 고민을 하던 중 후이즈에서 호스팅하고 있던 영화배우 이준기 씨의 사이트가 트래픽 초과로 중단되어 그 매니지먼트 회사에서 특별한 부탁을 해왔다고 호스팅 사업부 팀장이 보고했다.

'그렇구나. 우리 회사의 트래픽은 보통 낮에 많이 발생하니, 직원들이 퇴근한 밤 시간에는 상대적으로 트래픽의 여유가 생기겠구나. 이것을 연예인이나 영화 사이트 혹은 콘서트 사이트에 제공해 주면 좋겠다.'

도메인·호스팅 서비스업체의 특성상 낮에는 회선이 모자라는 반면 밤에는 트래픽이 남는다. 반면 영화 홍보 사이트나 이벤트 사이트의 경우 휴일이나 저녁 시간 이후에 TV 광고 등을 하게 되므로 상대적으로 트래픽 유입이 많아진다. 서버 접속자 수가 많아지면 당연히 일반적인 웹호스팅 수준으로는 곧바로 컴퓨터 시스템 작동이 중지되어 고객들이 불편을 겪을 수밖에 없었다.

서로 제휴가 될 수 있다면 확실한 윈윈구조인 셈이었다. 나는 당장 각 영화사에 전화를 걸어 제휴를 제안했고 긍정적인 답변을 받아냈다.

그때부터 영화 홍보 사이트와의 제휴 이벤트를 꾸준히 진행해오고 있다. 우리는 그들에게 서버 호스팅과 유휴 트래픽을 제공하고, 그들은 우리 회원들에게 영화 시사회 티켓을 무료로 나누어 주도록 하는 방식이다.

초반부터 이렇게 협력해온 덕분에 후이즈는 대한민국 전체 영화 제작사 중 약 70%에 해당하는 곳과 제휴관계를 맺고 있다. 우리 고객들에게 줄 수 있는 더없이 좋은 프로모션 증정품인 셈이다.

그냥 일반적인 광고보다는 생동감 있는 문화 공연으로

대대적인 문화공연을 진행한 적도 있다. 지난 2006년 부산 해운대에서 '제1회 비보이 경연대회'를 연 것을 시작으로, 그다음 해에는 서울 강남역 한복판에서 대규모의 힙합 댄스 배틀 공연을 열었다. 당시 비보잉은 최고의 거리공연으로 인기몰이중이었던 터라 사람들의 이목이 단박에 집중되었고, 특히 부산 해운대에서는 운집한 휴가철 관광객들에게 에어베개라는 독특한 판촉물까지 나누어 주었으므로 그 반응이 매우 뜨거웠다. 거리공연은 고객들에게 인터넷과는 또 다른 생동감을 주어 잠재고객을 확보해 가는 데 도움을 주었다. 앞으로 어떤 거리공연과 콘서트를 기획해볼까 하는 것이 요즘 나의 관심사다.

'남녀노소 두루두루 좋아할 수 있는 쇼가 뭘까?'

이런 고민 끝에 결론내린 것이 바로 마술이었다. 그래서 조만간 노래와 마술이 있는 매직콘서트쇼를 열어볼 생각이다. 의미 있는 공연을 후원하거나 직접 개최하여 그 수익금을 기부하는 것 역시 회사의 이미지를 높이는 좋은 홍보 방법이라 하겠다. 물론 이것은 얄팍한 상술이 아닌 진정성을 담보한 회사의 사회공헌 의지로 진행되어야 한다.

2009년은 후이즈가 창립 10주년을 맞은 해였다. 그래서 10주년을 맞아 의미 있는 행사를 개최하고 싶었다. 우리는 KBS와 스타도네이션 단체 '별똥별'이 주관하는 별똥별 콘서트의 후원단체로 나서기로 했다. 수익금 전액은 모두 사회단체에 기부했는데, 좋은 일을 하니 기분도 좋고 회사 이미지도 높일 수 있어 일석이조였다. 후원을 할 때는 이왕이면 회사 브랜드의 이미지를 제대로 어필할 수 있는 곳을 정하도록 하자.

나는 앞으로도 꾸준히 직장인 밴드를 후원하고 싶다. 후이즈의 직장인 밴드가 대회에 참가한 적이 있는데, 그때 국내 직장인 밴드가 무려 30만 개나 있다는 걸 알게 됐다. 굉장한 숫자다. 직장인 밴드와 연결시킬 수 있는 후이즈의 캐치프레이즈는 'The Best IT Friend'이다. 후이즈라는 회사가 젊은 직장인들에게 더 친근하게 다가서며 호감을 줄 수 있을 거라 기대한다.

물론 문화행사나 기부행사는 비용이 드는 일이라 회사 설립 초창기에 참여하기는 힘들 수도 있다. 하지만 꼭 돈을 안 들이더라도 자신이 가진 아이템을 활용한다면 얼마든지 할 수 있다. 예를 들어 후이즈는 초창기에 신문사와 제휴해 '회사 홈페이지 만들어주기' 이벤트를 진행한 적이 있었는데, 우리가 가진 콘텐츠를 적극 활용했을 뿐, 별도의 비용은 들지 않았다.

만일 작은 카페를 차렸다면, 나이 드신 분들이 좋아하실 만한 음료를 무료로 나눠주는 길거리 이벤트를 해볼 수 있을 것이다. 어르신들을 배려함과 동시에 카페에 대한 이미지를 긍정적으로 알릴 수 있지 않겠는가.

소극장의 공연을 후원하는 일 역시 젊고 창의적인 이미지를 어필하면서 뜻깊은 일까지 할 수 있는 방법이다. 자신이 가진 아이템을 잘 활용하여 아이디어를 내면 방법은 얼마든지 있으니, 꼭 한

번 시도해보길 바란다.

한 번 찜한 광고자리는
끝까지 고수하라

유료광고는 언제부터 하는 게 좋을까? 매출이 100억을 넘어서자 나는 본격적으로 지면광고를 하기 시작했다. 그전까지 회사 홍보를 위해 돈을 들인 건 삼성동 코엑스에서 열린 전자상거래 박람회에 작은 부스 하나를 사서 참여한 것과 신문사에 기사를 의뢰한 게 전부였다.

사실 초창기부터 워낙 신문에 자주 노출이 됐기 때문에 굳이 광고를 많이 할 필요가 없었지만 시기에 따른 적절한 광고는 필요하다고 본다. 특히 매출액이 올라갈 때 광고를 하면 회사 인지도를 높일 수 있어 확실히 효과적이다.

검색광고로 매출 올리는 비법

광고비의 지출은 너무 많으면 곤란하고 매출의 5%선 이내가 가장 적당하다고 본다. 후이즈는 지하철 광고와 인터넷 광고를 했다.

인터넷 포털사이트에는 후이즈 홈페이지 주소를 검색할 수 있는 오버추어 광고를 진행했다. 이 광고는 검색 건수에 따라 광고비가 올라가는데, 키워드 검색을 통해 후이즈 홈페이지에 들어와서 구매로까지 연결되어야 비로소 광고비를 지불하는 구조이다.

이 광고를 통해 효과를 보려면 홈페이지를 공들여 만드는 게 중요하다. 그래서 나는 홈페이지에 임팩트를 주는 방법들을 모아 놓은 '다이내믹 스마트 플랫폼'을 최근 출시했다.

그 방법들은 다음과 같다.

첫째, 사이트에 들어오면 먼저 동영상이 뜨도록 하여 시선을 사로잡는다. 플래쉬를 통해 브랜드와 관련된 기발한 동영상이나 연예인 CF가 나오면, 사람들은 한 번쯤 흥미를 갖고 보기 마련이다.

둘째, 이렇게 동영상으로 관심을 유발시키면 고객은 회사의 상품을 보다 자세히 알고 싶어할 것이다. 그때 웹 카탈로그를 클릭하도록 해서 회사의 상품과 서비스 정보를 상세하고 체계적으로 전달한다.

예를 들어 화장품 브랜드라면 새롭게 출시된 제품 라인 구성을 카탈로그를 통해 볼 수 있도록 구성하는 것이다. 여성들이 선호하는 화장품 브랜드인 SK-II의 경우에도 웹 카탈로그 형식으로 홈페이지를 구성해 접속자들의 이목을 집중시켰다. 이런 방식은 이미지를 일일이 클릭해서 보는 것보다 훨씬 생동감 있고, 제품 라인을 쉽게 확인할 수 있다는 장점이 있다.

셋째, 고객이 제품 구입을 결정하면 곧바로 고객관리센터와 연결될 수 있도록 시스템을 구축해두는 것이다. 그러면 고객이 구매를 결정한 타임을 놓치지 않고 곧바로 상품을 제공해 매출을 높일수 있다. 구매를 결정했다가도 귀찮아서 결제를 미루는 고객들이 상당히 많은 걸 감안했을 때, 이는 매우 효과적인 방법이다.

넷째는 홈페이지가 스마트폰이나 태블릿 PC와도 연동될 수 있도록 어플리케이션을 구성해두어, 고객들이 손안에서 언제나 홈페이지를 볼 수 있도록 유도하는 것이다.

인터넷 오버추어 광고를 하기로 결심했다면, 위의 방법으로 홈페이지를 다이내믹하게 꾸며 보자. 분명 광고 효과가 배가될 것이다.

작은 목소리일수록 반복해야 들린다

작은 회사일수록 꾸준히 같은 광고를 고집할 필요가 있다. 후이즈는 지난 수년간 삼성역의 천장형 배너광고와 구로디지털단지역 출구 계단의 배너광고를 지속적으로 진행하고 있다. 광고를 시작한 이래 8년 동안 한 번도 중단한 적 없이 지속적으로 하고 있는데, 이 두 곳을 선택한 이유는 간단하다. 서울에서 지하철 유동인구가 가장 많은 지역들이자, 비즈니스 고객들이 가장 많이 지나다니는 곳이기 때문이다.

삼성역과 구로디지털단지역을 자주 다니는 사람이라면, 후이즈라는 이름이 자연스럽게 머릿속에 각인될 것이다. IT에 관심이 없는 사람들조차 지나칠 수 없는 광고를 자꾸 보게 된다면 미래의 잠재고객을 꾸준히 확보하고 있는 셈이다.

조금 해보다가 별 효과가 없는 것 같아 급하게 다른 곳으로 옮기는 건 옳지 않다. 특정 장소에 같은 광고를 계속하면 언젠가는 누군가가 알아줄 광고가 되지만, 메뚜기처럼 옮겨 다니면 사람들의 기억에 남기 어렵고, 결국 광고비만 무참하게 사라지는 결과를 초래할 뿐이다. 따라서 광고의 기본인 지속적인 반복학습효과를 고객들에게 주기 위해서는 '같은 장소에 같은 스타일로 지속적으로 광고하기'가 매우 유효한 전략일 수 있다.

이런 의미에서 삼성역 입구의 경우, 비싸긴 하지만 광고 노출 효과는 실로 최고다. 코엑스 내의 메가박스는 물론 백화점과 코엑스몰 등으로 연결되는 입구인지라 남녀노소 가리지 않고 모든 이들이 지나치는 곳이기 때문이다.

일단 이렇게 좋은 자리를 선점했다면 끈질기게 같은 자리에서 진득하게 버티도록 하자. 그게 가장 좋은 광고법이다. 무릇 작은 목소리는 반복적으로 계속 울려대야 비로소 상대방이 알아듣고 반응을 보이는 법이다.

불경기일수록 광고를 해야 하는 이유

불경기에 광고 비용을 오히려 더 적극적으로 지출한다는 것은 상당히 불안한 발상처럼 보인다. 하지만 불경기라고 해서 다 같은 규모의 불경기는 아니니, 언론의 이야기에 너무 좌불안석 흔들릴 필요는 없다.

차라리 경기분석지표를 보고 스스로 냉정하게 판단해보자. 잠간 스쳐 지나갈 일시적 경기침체일지, 아니면 장기적 불황일지 말이다. 장기적 불황이라고 판단이 되면, 당연히 광고비를 줄여야 한다. 시장 규모가 줄어드는데 광고비를 많이 썼다간 정작 써야 할데에 돈을 못 쓰게 되고, 그렇게 되면 결국 운영상에 누수가 발생하기 때문이다. 실제로 회사를 꾸려 보니 이럴 때는 광고비를 평소의 50%선으로 줄이는 것이 현명하다.

반대로 오히려 불경기일 때 공략하면 좋은 광고가 있으니, 바로 지하철 광고이다. 지하철만큼 유동 인구가 많은 공간이 또 있을까. 더군다나 불경기엔 광고주들의 매출도 감소하므로, 광고비를 많이 낮춤으로써 고객을 확보하려고 하는 편이다. 따라서 이때를 적극적으로 활용하면 평소보다 훨씬 더 높은 효과를 얻을 수 있다. 이용객이 가장 많은 2호선은 광고 효과가 특히 좋기 때문에 호황기에는 자리 선점조차 쉽지가 않다. 하지만 불경기에는 광고판 자리가 듬성듬성 비어 있기 일쑤이다. 그만큼 기업들이 몸을 사린다는 뜻이다. 그러니 형편이 된다면 이때를 노리는 게 효과적이다.

불경기엔 누구나 주머니가 위축되기 때문에 소비자 입장에선 으레 기업들도 주머니를 쉽게 열지 않을 거라 생각할 수 있다. 그런데 그때에도 변함없이 좋은 자리에 광고를 하는 기업이 있다면 잠재고객들은 머릿속으로 이런 생각을 하지 않겠는가.

'저 회사는 경기를 안 타나 보네. 꽤 탄탄한 데인가 보구나.'

이런 식으로 회사 이미지를 업그레이드시킬 수 있는 절호의 찬스가 될 수 있다. 그리고 이왕이면 소비자들이 쉽게 참여할 수 있는 경품 이벤트까지 걸면 효과는 거의 두 배로 뛴다. 참여 효과가 불황기 때보다 몇 배나 높기 때문이다.

캐치프레이즈는
회사의 얼굴이다

"Think Different!"
"Just do it!"
"스포츠는 살아 있다!"

강렬한 이 한 줄만으로도 당장 머릿속에 떠오르는 회사 혹은 제품 이미지들이 있을 것이다. 바로 애플, 나이키, 아디다스의 명카피들이다. 카피 한 줄의 힘은 그만큼 위대하다. '침대는 가구가 아닙니다. 과학입니다'라는 카피는 소비자로 하여금 침대가 정말 가구가 아닌 과학일지도 모른다는 착각을 하게 만들 정도로 파격적이었다.

작은 회사 역시 자기만의 브랜드 아이덴티티를 확실하게 구축할 캐치프레이즈 한 줄이 꼭 필요하다. 대기업도 아닌데 캐치프레이즈

138

는 쑥스럽다는 생각일랑 버리자. 작은 회사일수록 단순한 이미지나 카피로 고객들에게 지속적인 어필을 하는 게 정말 중요하다.

가장 어필하기 좋은 '1위와 최초'

후이즈의 경우 도메인 분야를 처음으로 개척하고 1위 기업이 되었기 때문에 군더더기 없이 깔끔하게 선두의 이미지만을 전달하기로 했다.

'도메인 1위 기업'

이 한 줄로 우리의 정체성은 후발주자들과 확연하게 구별되었다. 회사가 점점 도약하고 사업 분야를 확장시켜도 1위라는 정체성은 꾸준히 유지했다. 1위는 우리가 지어낸 말이 아니라 한국인터넷진흥원 조사결과에 따른 것이니, 결코 허위나 과장이 아니었다.

'도메인 호스팅 1위 기업'

'도메인 호스팅 솔루션 1위 기업'

1위라는 것은 우리에겐 명예로운 훈장과도 같은 것이기에 결코 놓칠 수 없는 정체성이었다. 그래서 몇 년 동안 같은 느낌의 캐치프레이즈를 사용해 후이즈에 대한 1위 이미지를 구축시켰다. 하지만 회사가 탄탄해진 후에는 조금 다른 포지셔닝이 필요했다. 후이즈홀딩스의 캐치프레이즈도 마찬가지였다.

'IT란 게 뭘까? 우리에게 꼭 필요한 거잖아. 그러니까 어렵고 복잡한 게 아니라 쉽고 친근한 거, 그걸 생각해야 해.'

이런 고민 끝에 나는 '친구'란 단어를 떠올렸다.

'당신의 스마트한 IT 친구 후이즈홀딩스, The Best IT Friend'는 이렇게 해서 탄생했다. '스마트'는 우리가 개발해낸 스마트워크시스템을 강조하기 위해 사용한 단어이다. 앞으로도 우리는 '스마트'와 '친구'의 이미지로 후이즈의 정체성을 이어나갈 예정이다. 조금 더 지나면 '그린'의 이미지도 더해볼 생각이다. 이제 우리가 지향하는 IT는 친환경 코드와 결합하게 될 테니 말이다.

물론 캐치프레이즈를 통해 제품의 이미지를 재포지셔닝할 때에는 신중하고 또 신중해야 한다. 세상을 깜짝 놀라게 할 정도로 브랜드를 강력하게 재무장하기 전에는 섣불리 시작해서는 안 된다. 그래서 나 역시 현재 이를 위한 연구개발을 쉬지 않고 하는 중이다.

시장의 빈틈을 찾아라

사실 후이즈는 운이 좋았다. 국내에 없는 새로운 시장을 만들어낸 선구자의 위치에 있었기 때문이다. 그렇게 되면 광고를 할 때 큰 어려움이 없다. 소비자들에게 최초와 1위만큼 기억하기 쉬운 건 없기 때문이다. 그래서 나는 항상 새로운 아이템으로 새로운 시장을 발굴하는 게 중요하다고 생각한다. 새롭고 신선하기 때문에 제품이 소비자에게 순식간에 알려진다.

하지만 꼭 최초가 아니어도 상관없다. 기존의 것에 새로운 무언가가 추가되었다면 그 부분을 부각해 1위 기업과 경쟁을 시도하면 된다. 이른바 추격자 포지셔닝의 핵심은 바로 선두기업의 빈틈을 찾는 것이다.

'크고 안전한 자동차가 제일이다'라는 생각이 지배적이었던 미국 자동차 시장에 짧고 퉁퉁하고 게다가 못생기기까지 한 딱정벌레 모양의 폭스바겐의 비틀이 상륙했을 때, 그들은 어떤 캐치프레이즈를 사용했을까?

'Think Small(작게 생각하라)!'

그렇다. 그들은 제품의 크기에서 빈틈을 찾은 것이다. 만일 그들이 작다는 약점을 감추려고 그럴듯한 사진이나 과장된 이미지를 사용했다면, 결코 자동차 시장에서 성공할 수 없었을 것이다. 자신만의 개성을 살려 잠재고객의 머릿속에서 역발상을 시도하게 하는 것, 그 역할을 잘 수행해야 한다. 그것이 바로 후발주자들이 캐치프레이즈를 만들 때 사용해야 할 전략이다.

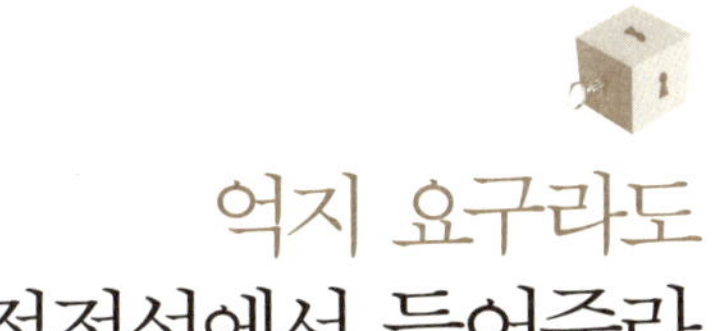

억지 요구라도
적정선에서 들어주라

내가 가장 좋아하는 인재상은 휴머니즘이 있는 사람이다. 휴머니즘을 가진 사람은 고객의 마음을 잘 헤아릴 줄 알기 때문이다. 결국 고객의 마음을 가장 잘 알아주는 직원이 가장 훌륭한 직원이라 해도 과언이 아닐 것이다.

물론 일을 하다 보면 엄연히 고객의 잘못인데도, 우리에게 불만을 터뜨리면서 담당 직원의 기분을 상하게 하는 경우도 발생한다. 하지만 설사 그렇다 하더라도 '고객은 항상 옳다'라는 마음가짐으로 차분하고 이성적으로 대응한 후, 고객의 억지 요구를 적정선에서 들어주는 것이 바로 진정한 고객서비스일 것이다.

1대 1 채팅으로 고객불만 제로

서비스의 기본은 친절과 신속함이다. 고객을 기다리게 하는 건 가장 옳지 못한 서비스이다. 중국의 인터넷 쇼핑몰 타오바오와 이베이의 경쟁은 개미와 코끼리의 싸움이라고 할 만큼, 대다수 언론에서 싸움 자체가 안 되는 무모한 게임이라고 비아냥거렸다.

하지만 결국 승자는 개미, 즉 타오바오였다. 그 이유가 무엇이었을까? IT업계의 작은 거인으로 불리는 타오바오의 CEO, 마윈이 가장 중요하게 생각했던 건 바로 고객과의 소통이었다. 타오바오는 고객과의 소통에서 단연 앞서가는 인터넷사이트였다.

"인터넷이란 사람 냄새가 나는 공간이어야 합니다."

마윈의 이러한 철학이 바탕이 되어 타오바오는 실시간 메신저를 통해 고객의 요구와 문의를 즉각 처리하는 것으로 유명해졌다. 고객과 무협지의 협객 이름을 아이디로 사용하는 타오바오의 직원들이 서로 친구처럼 친해질 정도였는데, 이는 이베이가 고객 게시판을 통해 문의를 받는 것과는 상당히 대조적이었다. 이것만 보더라도 고객의 불편함을 신속하게 처리해주는 것이 얼마나 큰 경쟁력인지 알 수 있다.

후이즈 역시 고객과의 1대 1 채팅 프로그램을 운영하고 있다. 대체로 저녁 9시까지는 고객 상담이 가능하다. 회사의 모든 인력을 제대로 채용하기 어려웠던 초창기에도 나는 고객관리서비스팀만큼은 직원들을 넉넉하게 두었다. 고객을 기다리게 하는 일이 없도록 하기 위해서였다. 고객 입장에서 생각해보자. 문제가 발생했는데, 전화벨이 울리기만 하고 받지 않는다거나 대기 시간이 5분이라는 안내가 계속 흘러나오는 것만큼 불편한 건 없다. 전화가 울리면 즉각 받아서 문제해결을 도와주는 것, 이것이 서비스의 가장 기본이면서 가장 중요한 일이라는 걸 명심하자.

고객을 열혈팬으로

나는 초창기부터 불만 고객이 없는 회사를 만들겠다고 다짐했다. 하지만 고객 중에는 우리 업무 이외의 것을 요구하는 경우도 많았다. 이를테면 후이즈에서 도메인을 구입했는데, 고객 PC상의 문제로 홈페이지가 화면에 안 뜨는 경우가 가끔 있다. 이런저런 확인을 해봐도, 결국 우리에게 문제가 없다는 게 밝혀지면 백발백중 고객 PC에 문제가 있는 것이다. 하지만 이런 경우에도 우리는 문제를 해결해주었다.

"아무래도 고객님 PC에 문제가 있는 것 같은데, 저희가 원격으로 PC를 점검해드리겠습니다."

비록 PC를 A/S하는 회사는 아니지만, 고객에게 예상외의 서비스를 제공함으로써 감동을 안겨줄 수 있을 거라 믿었기 때문이다. 고객은 대개 불만이 있는 상태에선 흥분하여 화를 내지만, 시간이 조금 지나면 다시 이성을 찾고 상황 판단을 하기 시작한다.

'이건 후이즈의 잘못이 아닌데, 내가 괜히 화를 냈구나. 어라? 그런데 내 PC A/S까지 해주네?'

그러면 그들은 우리 회사의 충성 고객이 되어준다. 고객과 장기적인 신뢰 관계를 맺는 셈이다.

이런 일도 있었다. 기업의 경우 도메인의 명의 등록을 회사 이름으로 해야 하는데, 도메인을 관리하는 담당 직원의 이름으로 등록하는 경우가 가끔 있다. 그런 경우 직원이 퇴사하면서 "이건 내 명의로 되어 있으니 내 것이다"라고 억지를 부리면 회사 입장에선 억울하지만 딱히 방법이 없다. 결국 그들은 우리에게 연락해 사실 여부를 확인해달라고 부탁한다. 이럴 땐 어떻게 해야 할까? 사실 명의를 변경해주는 건 있어서는 안 되는 일이지만, 불순한 의도가 뻔히 보이는데도 눈감고 나 몰라라 할 수는 없는 일이다. 입금한 계좌가 회사의 계좌라 해도 명의자가 개인이면 마찬가지로 달리 방법이 없다.

그래서 나는 일단 회사의 요구대로 도메인 접속을 끊어둔 다음, 회사 명의로 다시 각서를 써주었다. 단 각서에 "그 직원이 다시 자기 것이라 요구하고 나오면 후이즈는 원래 계약서에 의거해 그 직원 명의로 다시 연결해준다"라는 조항을 만들었다. 그리고 나서 다시 회사와 도메인을 연결해주었다.

법적으로 문제가 발생하지 않도록 사전 조치를 취해 놓은 다음, 진실 여부를 가려 진짜 고객인 기업의 편에서 일을 처리해 준 것이다. 안 되는 것도 되게 해주는 서비스를 통해 충성 고객을 만든 셈이다.

때때로 도메인 분쟁을 도와주기도 한다. 이를 위해 아예 도메인 컨설팅팀도 구성해두었다. 대기업의 경우, 기업의 문패에 해당하는 IP를 개인이 보상금을 비싸게 받기 위해 미리 선점해두기도 하는데, 이를 사이버스쿼팅(Cyber Squatting)이라고 한다. 이 경우 기업이 개인을 상대로 소송을 해야 하지만, 이를 우리가 대신해주는 것이다. 현재 사용하고 있는 대기업의 IP 몇몇은 개인으로부터 우리가 사들인 것이다.

이러면 대기업을 충성 고객을 넘어 열혈팬으로 만들 수 있다. 당장의 이익을 생각하면 금전적으로 손해인 것 같지만, 장기적으로는 훨씬 이득이다. 고객의 마음을 산다는 것은 실로 어려운 일이기 때문이다.

미국의 고급 백화점 그룹인 노드스톰의 유명한 일화가 있다. 한 고객이 수년 전에 구입한 승용차의 타이어를 환불하겠다고 한 것이다. 몇 달도 아니고 몇 년이 지난 타이어를 어느 회사에서 환불해줄까? 하지만 노드스톰은 고객에게 환불하려는 이유조차 묻지 않고 기꺼이 전액을 환불해주었다. 그런데 더욱 놀랄 만한 것은, 노드스톰 백화점은 타이어를 취급하지 않는다는 사실이다. 놀라고객과 친하게 지내다 보면 사업에 필요한 아이디어를 얻을 때가 있다. 고객들은 복잡한 것을 싫어한다. 때문에 서비스가 복잡하면 불만을 표하는데, 역으로 그 불만 지점을 해결해주면 회사는 더 많은 고객의 마음을 살 수 있다.

언젠가 나는 쇼핑몰 사이트를 운영하는 고객들과 대화하던 중, 그들이 재고관리에 골머리를 앓고 있다는 정보를 얻었다. 직접 쇼핑몰을 운영해보지 않은 나로서는 미처 헤아리지 못한 고충이었다. 그래서 곧바로 이를 해결할 수 있는 솔루션 개발에 착수했다.

한편 두바이에 해외지사를 가지고 있는 고객사의 한 직원이 "두바이 직원들하고 시차가 달라서 우리의 근태관리시스템으로는 관리가 불가능해요."라며 불편을 호소했었다. 그 덕에 우리는 세계 시간을 적용한 근태관리시스템을 만들 수 있었다.

고객을 자주 만나고 사적으로 친해지면, 이처럼 대화 도중에 좋은 정보를 얻을 수 있다. 아이디어가 많은 고객을 두려워해서는 안 된다. 혹시라도 그들의 요구를 일일이 들어주는 게 귀찮다고 생각하는 사장은 그 자리에서 오래 살아남을 수 없을 것이다.

고객이 들려주는 불만의 목소리야말로 회사의 성장을 도와주는 훌륭한 팁이다. 까다로운 고객을 회피하지 말자. 그들이야말로 회사가 미처 보지 못한 부분을 체크해주며 회사의 경쟁력을 높여주는 훌륭한 등대가 될 수 있다.

운 고객만족 사례가 아닐 수 없다.

착각을 했든, 의도적이었든 간에 결국 그 고객이 진실을 알게 된다면 노드스톰의 열혈팬이 될 것 같지 않은가. 비즈니스는 결국 열혈팬이 많아질수록 성공한다는 사실을 잊지 말자. 그러기 위해선 고객의 요구를 무조건 들어주도록 하자. 고객과 시시비비를 따지는 건 결코 올바른 서비스가 아니다.

시장을 선점한 것처럼
행동하라

① 신문기자들은 언제나 새로운 아이템에 목말라 있다는 점을 염두에 두자. 상품 혹은 서비스의 가치만 충분하다면 그들은 기꺼이 기사를 써줄 용의를 갖고 있다. 기성품과 무엇이 다른지, 독특한 이야기를 덧입혀 그들에게 어필해보자.

② 의미 있는 공연을 후원하거나 직접 개최하여 그 수익금을 기부하는 것은 회사의 이미지를 높이는 좋은 홍보 방법이라 하겠다. 물론 이것이 얄팍한 상술에 그쳐서는 안 된다. 회사의 사회 공헌 의지라는 진정성을 가지고 진행해야 한다.

③ 작은 회사일수록 '같은 장소에 같은 스타일로 지속적으로 광고하기'를 고집할 필요가 있다. 해당 분야에 관심이 없는 사람들조차 동일한 광고를 계속해서 보게 되면 미래의 잠재고객이 될 수 있다.

④ 브랜드 아이덴티티를 확실하게 구축하려면 강렬한 캐치프레이즈 한 줄이 꼭 필요하다. 작은 회사일수록 단순한 이미지나 카피로 고객들에게 지속적인 어필을 하는 게 정말 중요하다.

⑤ 고객이 착각을 했든, 의도적이었든 간에 고객의 편에 서서 일을 처리해주도록 하자. 나중에라도 진실을 알게 된다면, 이 고객은 회사의 열혈팬이 될 것이다. 비즈니스는 결국 열혈팬이 많아질수록 성공한다는 사실을 잊지 말자. 상황에 따라 다르겠지만 고객의 요구를 무조건 들어준다는 생각으로 임하자. 고객과 시시비비를 따지는 건 결코 올바른 서비스가 아니다.

[대외관계 전략]

윈윈전략은 언제나 옳다

외모도
전략이다

예전과 다르게 요즘은 '동안'이 대세인 듯하다. 나이보다 어려보이기 위해 여성은 물론이고 남성들도 피부 관리에 열심이다. 그런데 나이 서른에 사업을 시작해 사장이 되고 보니 어려 보이는 얼굴이 치명적인 단점이 될 수도 있다는 점을 실감했다. 바로 거래처나 투자자를 만나는 자리에서였다.

나는 정장보다는 캐주얼을 즐겨 입는 편인데, 이런 복장으로 투자업체의 심사역들이나 수주 대상 고객사의 임원들을 만날 때는 분위기가 조금 묘하게 흐르곤 했다.

"그래, 어디서 왔다고?"

초면인데도 불구하고 말이 짧게 끝나는 것이 나를 마치 자신의 인턴사원쯤으로 대하는 투였다. 하긴 굵직한 기업의 임원들은 적어도 나보다 15살 이상은 많았으니, 안 그래도 어려 보이는 내가 그들 눈에 얼마나 애송이로 보였겠는가.

도메인이나 인터넷 사이트 자체도 생소한데, 이제 막 대학을 졸업한 듯한 사람이 와서 얘기를 하고 있으니 그들은 듣는 둥 마는 둥이었다. 그럴수록 나는 '아직 도메인이나 인터넷 서비스란 게 생소해서 그러실 거야'라고 스스로 위안하여 더욱 열심히 설명했다. 하지만 언젠가부터 그들 눈빛의 의미를 알게 되었으니, 그건 바로 '너 같은 애송이의 말을 어떻게 믿어?'였다.

아이템만 훌륭하면 된다고 생각한 게 큰 실수였다. 그래도 지금이야 많이 좋아졌지만, 10여 년 전만 해도 비즈니스 세계에는 젊은 창업자가 거의 없었던 터라 사장으로 인정받는 것 자체가 쉽지 않았다. 온종일 발품을 팔고 돌아다녔음에도 한 건의 성과도 얻어내지 못한 나는 생각했다.

'지금 필요한 전략은 어떻게든 나이가 들어 보이게 하는 거다.'

나이 들어 보이기 대작전 돌입

가장 먼저 머리 스타일과 안경을 바꾸었다.

"7대 3 가르마 머리로 해주세요."

다니던 미용실을 마다하고 이발소에 가서 주인 아저씨에게 요구한 사항이다. 머리 스타일만 바꿔도 어리다는 느낌이 훨씬 덜했다. 안경점에 가서는 큰 맘 먹고 거금을 쓰기도 했다. 평소 쓰던 플라

스틱 안경을 벗어버리고, 60대나 되어야 쓸 법한 금테 안경을 고른 것이다.

"학생이 이거 쓰게요? 아버지한테 선물하는 게 아니고? "

"아, 네. 제가 쓸 거예요. 저 좀 나이 들어 보이나요?"

역시 나를 학생으로 본 나이가 지긋한 안경사를 향해 나는 멋쩍게 웃었다.

다음은 옷차림이었다. 그 당시 젊은 남자들이 즐겨 입었던 세미 정장은 더 이상 입지 않기로 했다. 대신 50대 이상을 타깃으로 하는 클래식한 양복 브랜드를 선택했다. 품이 넉넉하고 묵직한 먹색 양복을 걸친 거울 속의 내 모습은 내가 봐도 많이 어색했다.

꼭 이렇게까지 해야 하나 싶은 생각이 들었지만, 이내 그 생각은 접기로 했다. 사업이란 정글에 발을 들여놓은 이상 더 큰 먹이를 낚겠다는 목표에만 집중하자고 다짐했다.

그렇게 마음을 다잡은 다음, 돋보기처럼 생긴 안경을 끼고 아버지 옷장에서나 볼 법한 양복을 걸치고 비장하게 출근길을 나섰다. 회사에 도착한 나를 보는 직원들의 표정이란, 한마디로 '뜨악'이었다. 그들을 향해 나는 진지하게 물었다.

"나 몇 살로 보이는지 솔직하게 말해봐."

눈치 빠른 직원들은 이 한마디에 내가 변신한 의도를 금세 알아챘다.

"사장님, 그래도 성공하셨네요. 이제 30대 후반은 돼 보여요."

"그래? 그럼 이제 적어도 나한테 반말은 안 하겠지?"

공들인 보람이 있는 듯해 기분이 좋았다. 이렇게 해서 나는 동안되기가 아닌 실제보다 10살은 더 들어 보이는 노안되기 작전에 성공했다. 그 뒤로 새로운 수주업체에 갔을 때 내게 반말을 하거나 의자를 뒤로 젖힌 채 마치 아랫사람 대하듯 하는 이들은 많이 사라졌다.

한편 일이 잘 풀려 거래처 사람들과 술 한잔 마시게 될 경우, 나이를 물어보면 가능한 학번으로 답했다. 실제로 나는 한 살 일찍 초등학교에 들어갔고 대학에 들어갈 때도 재수하지 않았지만, 상대방이 초등학교에 제때 들어갔거나 재수해서 대학에 들어간 경우라면 나를 실제보다 1~2살이라도 많게 볼 수 있다는 계산 때문이었다.

이미지로 신뢰를 사라

물론 무조건 나이 들어 보이는 게 좋다고 말하고 싶지는 않다. 오히려 업종에 따라서는 젊고 트렌디하게 보이는 게 훨씬 긍정적으로 작용할 수도 있을 것이다. 사업 아이템에 따라 만나는 사람들에게 어떤 인상과 이미지를 줄 것인지 정확한 전략을 세우는 게 중요하다고 본다.

우리나라 사람들은 단 3초 만에 첫인상을 결정 짓는다고 한다. 오랫동안 알고 지내며 친해질수록 첫인상은 첫인상일 뿐 그 이상도 그 이하도 아니라는 걸 알게 되지만, 비즈니스 관계에서 거리낌 없는 사이가 되려면 아무래도 시간이 오래 걸리고, 따라서 모든 고객에게 그렇게 대하기엔 시간이 부족하다.

그러니 짧은 시간 안에 신뢰를 얻으려면 옷차림과 이미지를 자신의 사업 아이템과 거래처 상황에 따라 적절하게 연출할 필요가 있다. 격식 있는 옷차림을 하면 말투와 태도도 자연스레 그에 맞춰 변하는 경험을 해본 적이 있을 것이다. 그런 의미에서 옷차림과 이미지는 사업을 하는 데 있어 매우 중요한 전략적 포인트가 될 수 있다.

뒤탈이 없어야
제대로 된 제휴다

사실 나는 업무를 함께 진행할 협력사를 찾는 것이 무척이나 어려웠다. 단품 솔루션이야 검증된 제품들 위주로 구매하면 큰 문제가 없었지만 기술 개발 용역 발주는 정말이지 쉽지가 않았다. 함께 업무를 해보면서 손발을 맞춰 보지 않는 이상, 구성원들의 책임감이나 실력을 검증해볼 방법이 없기 때문이다. 대부분의 프로젝트가 시간을 다투며 진행되고 있었던 터라, 미리 여유 있게 시범 테스트를 해보며 진행할 시간적 여유도 부족했다. 그래서 레퍼런스 위주로만 검증하고 곧바로 계약을 체결해 일을 진행시켰는데, 이것이 결국 큰 화근이 되고 말았다.

"사장 나오라고 해!"

창업 초기 미국의 메일솔루션 엔진을 커스터마이징(customizing)해서 공급하는 회사와 함께 일했던 적이 있다.

당시 후이즈 개발팀들은 신규 도메인 시스템을 개발하는 데 집중하고 있던 터라, 메일솔루션까지 자체 개발하기에는 시간도 부족하고 개발 인력도 부족했다. 회사가 크지는 않았지만, 이미 KT에 메일솔루션을 공급하고 있던 터라 어느 정도는 KT가 검증했겠지 싶어 그 회사와 제휴한 다음 '메일솔루션사업'을 론칭했던 것이다.

그런데 일을 진행하던 중 그 회사의 핵심 개발자가 사전 통보 없이 사라져버린 게 아닌가. 전 직원이 8명 정도밖에 안 되는 단출한 회사였지만, 핵심 개발자가 빠져 버리니 당장에 이메일 서비스에 문제가 생기기 시작했다.

후이즈의 메일솔루션 고객 중엔 무역회사들이 꽤 있었는데, 그들의 경우 단 하루만 이메일에 문제가 생겨도 업무에 상당한 차질을 빚게 된다. 그런데 무려 이틀이나 서비스가 제대로 이뤄지지 않았으니, 그들의 손해가 이만저만이 아니었다. 결국 잔뜩 뿔이 난 그들이 회사로 찾아와 문을 두드리며 항의하기 시작했다.

"야, 여기 사장 나와! 무슨 서비스가 이따위야? 사장 어딨어?"

이런 상황에서 어떻게 내가 사무실에 앉아 업무를 볼 수 있었겠는가. 어쩔 수 없이 일주일이나 집에서 전화로 일처리를 해야 했다.

사실 그전부터 문제점을 느껴 불안하긴 했었다. 하지만 제휴 회사가 이렇게 무책임하게 일을 처리할 줄은 상상도 하지 못했다. 이런 대형 사건을 치르고 나니 도저히 다른 업체를 믿고 일을 맡길 수가 없었다. 그래서 직접 메일솔루션을 개발하기 시작했고, 2년여 기간을 투자한 끝에 성공할 수 있었다. 이때의 경험이 든든한 밑바탕이 되어 메일솔루션 1위 회사로 거듭나기는 했지만, 협력업체의 무책임한 행동은 지금 생각해도 황당하기만 하다.

제휴 후 뒤탈이 없으려면

이런 일들은 사실 사업을 하는 동안 비일비재했다. 함께 일하던 기술 협력회사에서 갑자기 내부 분쟁이 일어나기도 하고 핵심 개발자가 이탈하거나 회사가 부도나기도 했다. 어쩌면 이것이 한국 중소 기술개발회사들의 현실이다.

결국 오랫동안 기술력과 전문성을 인정받아온 회사의 패키지 제품만 구매하고 메일이나 그룹웨어, 회계 솔루션과 같은 핵심 솔루션 등은 기술지주회사인 후이즈홀딩스와 후이즈가 직접 개발하는 방향을 선택할 수밖에 없었다.

하나 소개하자면, 후이즈홀딩스가 개발한 그룹웨어인 '스마트경영시스템'의 경우 지문인식기와의 연동 기능이 필요하다. 지문인식기에서 생성된 지문 데이터를 회사의 그룹웨어에 미리 저장된 직원 정보, 수당 시스템과 연동하여 자동으로 회사의 급여 및 수당

계산이 될 수 있도록 하는 시스템이다. 우리나라의 지문인식 기능
은 세계적인 수준이어서 믿고 맡길 만한 회사가 몇몇 있다. 나는
그중에서도 가능하면 업계 최고의 회사를 고르려고 했다. 비용이
다소 들더라도 나중에 감수할지도 모를 손해를 생각하면 그게 훨
씬 이득이었다. 업계 최고의 회사라고 해서 곧바로 계약하진 않았
다. 3개월 동안 테스트 기간을 거친 뒤, 문제가 없다는 게 검증되
면 비로소 계약서에 도장을 찍었다.

물론 업계마다 다르겠지만, IT 소프트웨어 분야에서는 서로 믿
고 신뢰할 만한 협력회사를 찾는 것이 무척 어렵다. 결국은 검증
과정을 갖는 게 최선이었다. 장기간의 신뢰를 구축하기 위해서는
처음엔 좀 너무한다 싶을 정도로 까다롭게 굴 필요도 있다.

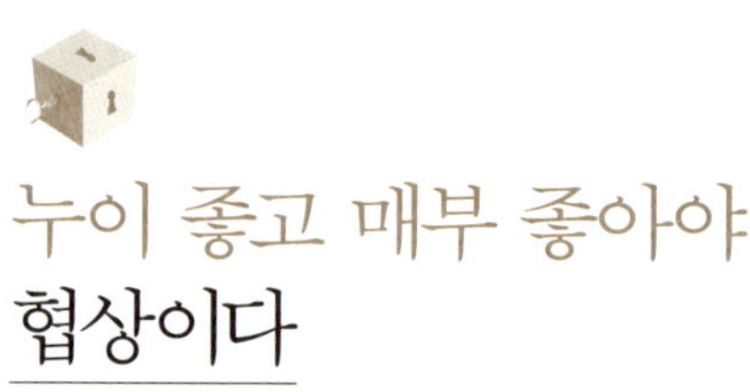

누이 좋고 매부 좋아야 협상이다

거래처에서 물건을 구매할 때 사장이 일일이 가서 두 눈으로 확
인할 필요는 없는 것 같다. 이를테면 회사 브랜드 이미지와 연결된
인테리어일 경우, 직원에게 사진을 찍어오라고 해서 확인하면 되

지, 사장이 굳이 발품을 들이지 않아도 된단 얘기다.

그러나 새로운 기술개발에 필요한 핵심 부품이라면 상황이 달라진다. 이때는 사장이 직접 움직여야 한다. 특히 독보적인 기술력을 가지고 있는 협력회사라면 장기적인 파트너십을 위해, 될 수 있으면 직접 찾아가 경영진과 면담도 자세히 나누고 회사 분위기도 파악하면서 협상을 진행하는 게 좋다.

잔머리 굴리면 되로 주고 말로 받을 뿐

협상의 기본은 윈윈이다. 특히 장기적으로 관계를 유지하고 싶다면 더더욱 자기 이익만 취하려고 해서는 안 된다. 산행 후 내려오는 길에 들른 기념품 가게에서는 물건값을 깎아도 별문제가 없다. 어차피 기념품 가게 사장님하고는 두 번 볼 일이 거의 없을 것이기 때문이다. 하지만 거래처는 다르다. 상대방의 기술력을 높이 평가한다면 그에 상응하는 가치를 인정해줘야 한다.

만일 협상테이블에서 값을 확 낮춰 불렀는데, 상대방이 어쩔 수 없이 그에 응했다고 치자. 상대방은 겉으로 말은 안 해도 속으로는 못내 찜찜했을 것이다. 그러고는 어떤 생각을 할까?

'어디 한번 두고 보자.'

자신의 브랜드 가치를 헐값 취급하는 사람을 누가 좋아하겠는가. 그리고는 다음을 위해 만반의 준비를 할 게 분명하다. 결국 다음번엔 내가 더 크게 당할지도 모른다. 이렇게 악순환이 계속되면 장기적인 파트너십은커녕 서로 얼굴 붉힐 일만 생길 것이다.

기술력에 대한 값을 지불하는 게 부담스럽다면, 서로 가치가 있다고 느껴지는 것을 교환하는 것도 협상의 한 방법이다. 상대방이 뭘 원하지를 잘 파악해보자. 내가 가진 패 중에서 상대방이 탐내는 것이 있다면 그걸 건네는 대가로 그들의 기술력을 받아올 수도 있다. 이때도 역시 어느 한쪽이 손해본다는 생각을 가지지 않도록 합리적으로 협상을 진행해야 한다.

사람은 감정의 동물이다

협상테이블의 매너는 투자자들을 대상으로 하는 프레젠테이션과 다르다. 서로 주고받는 것이지 일방적인 연설이 아니다. 상대방의 기분을 최대한 존중하는, 친근하고 다정한 말투는 기본이다. 프레젠테이션에선 다소 공격적인 말투가 투자자를 설득하는 데 도움이 될지 몰라도 협상테이블에선 절대 금물이다.

사실 나 역시 협상테이블 매너를 갖추기까지는 시간이 꽤 걸렸다. 어린 후배들에게는 스스럼없이 정을 주는 편이지만, 윗사람들에게는 싹싹하게 굴지 못하는 성격이 문제였다. 사장이 된 이후론 도리어 절대로 지지 않을 것 같은 위압적인 눈빛으로 윗사람을 대했으니, 누가 날 예쁘게 봤겠는가. 그럴 때마다 속으로 '저런 버릇없는 놈을 봤나' 하며 맘이 상했을 상대방을 생각하면 지금도 얼굴이 화끈거린다.

당연히 그때마다 협상은 어김없이 결렬되었다. 사람은 감정의 동물이다. 누구나 만나면 기분 좋고 유쾌한 사람과 마주 앉아 있고 싶지, 불편한 사람과는 차 한잔도 마시기 싫은 법이다. 내 문제를 깨닫고 나서는, 앉자마자 본론으로 들어가는 버릇부터 고치기로 했다. 일단 경직된 분위기를 풀기 위해 노력했다. 고향 얘기나 날씨 얘기 등 공통 관심사도 좋았지만, 그보다 더 효과적인 건 함께 싫어하는 '공공의 적' 이야기였다.

"사장님, 그 의원 하는 꼴 정말 가관이지 않습니까? 내놓는 정책마다 코미디예요. 전 그 사람만 나오면 TV를 끈답니다."

"이 사장도 그 사람 싫어해? 나도 그 사람만 보면 아침 먹은 게 올라올 정도야."

"아니, 어쩌면 김 사장님은 저랑 사람 보는 눈이 똑같으신가요?"

"허허, 그러게. 통했네."

이런 대화를 나누다 보면 서로 꽤 비슷한 유형의 사람이라는 생각이 든다. 그러다 보니 친근감이 생겨 협상이 훨씬 쉬워진다. 물론 이런 대화를 유도하려면 당연히 사전에 상대방에 대한 정보를 입수해야 한다. 상대방이 언론에 이름을 올렸던 사람이라면, 인터넷 검색을 통해 그가 좋아하는 것과 싫어하는 것, 가족 사항 등을 조사해보자. 그게 아니라면 그를 아는 측근에게 미리 귀동냥을 해두는 것도 방법이다. 물론 본론으로 들어가서는 논리적이고 조리 있는 말과 내용으로 협상에 임할 필요가 있다. 하지만 이미 심리적 거리가 좁혀져있기 때문에 협상이 훨씬 쉬워질 것이다.

'타협이란 완승, 완패가 아니라 둘 다 승이다'라는 말이 있다. 서로의 감정과 자존심을 존중해주면서 둘 다 원하는 것을 얻는 협상이 진정한 협상이라는 걸 잊지 말자.

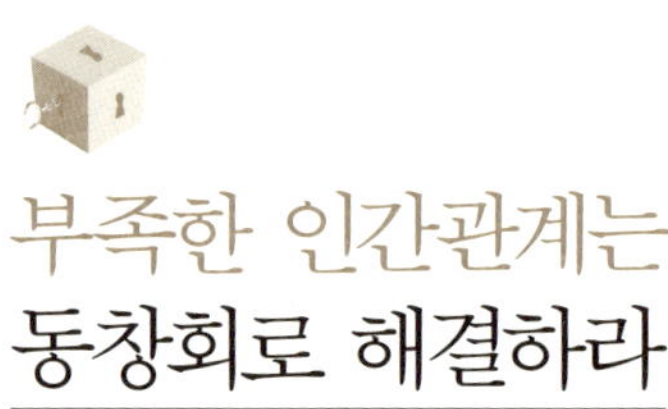

부족한 인간관계는
동창회로 해결하라

사장이 되면 자신의 사적인 인간관계를 계속 유지하기가 힘들어진다. 당연히 물리적으로 시간이 부족한 탓이다. 하지만 그렇다고 해서 이를 소홀히 하다 보면 자연히 친구들과의 관계가 소원해지고 인생의 쏠쏠한 재미도 줄어들게 된다.

그래서 나는 가능한 동창회 모임을 활용하기로 했다. 친구들을 따로따로 만나볼 시간이 부족한데 동창회에 나가면 반가운 얼굴들을 한꺼번에 볼 수 있으니 얼마나 좋은가. 동창회가 아니면 보기 어려웠던 친구들도 만나게 되고 그들의 고민거리를 들으면서 세상의 흐름을 가늠할 수도 있으니 나에겐 매우 유익했다.

친구들을 인맥의 창구로

사업을 하다 보면 누구나 인간관계의 부족함을 느낄 수 있다. 따라서 평소 인맥관리를 잘 해둘 필요가 있다. 그러면 때때로 지인에게서 큰 도움을 받을 수도 있다.

그렇다면 그 바쁜 와중에 인맥관리를 어떻게 한단 말인가. 전화번호부에 있는 친구들을 한 명씩 돌아가며 일일이 만나야 할까? 아니다. 그들이 다 모인 자리에 나가면 된다. 즉 나처럼 동문회, 동창회에 꼬박꼬박 나가거나 그게 힘들면 송년회, 신년회만이라도 참석하도록 하자. 그런데 아뿔싸, 한번은 곤란한 일이 생기고 말았다.

"청종아, 네가 동창회 회장을 맡아줘야겠다."

바빠서 부모님 얼굴도 제대로 못 뵙는 나에게 고등학교 동창 녀석들이 중책을 맡긴 것이다. 하지만 거절하기도 힘든 것이 사업을 하던 친구가 회사가 어려워지면서 갑자기 그만둔 상황이라 딱히 누가 맡기도 어려웠기 때문이다.

"좋다. 딱 2년만 맡으마. 대신 조건이 있어. 내가 사업을 확장하는 통에 좀 바빠서 그러니, 나를 도와줄 집행부를 조직해야겠다. 괜찮지?"

그렇게 해서 나는 그 자리에서 기획이사, 총무이사 등 나를 도와줄 핵심 참모 8명을 선출했다. 결국 회장인 나는 1년에 두 번 갖는 큰 행사인 체육대회와 송년회를 위한 준비만 주도적으로 하고 나머지는 친구들의 도움을 받기로 했다.

회장을 맡은 그해에 체육대회를 했을 때엔 후이즈 체육대회에서 사용하던 공과 티셔츠, 응원도구 등 등 갖가지 소품들을 챙겨갔다. 그걸 본 친구들이 반갑게 맞아주었다.

"역시 회장이라 뭔가 다르구나!"

이렇게 해서 나는 회장이라는 중책을 2년 동안 큰 부담 없이 맡을 수 있었다.

투자자를 유혹하는 프레젠테이션은 따로 있다

인터넷 투자공모를 통해 성공적으로 투자를 받았고, 그 이상의 매출을 올린 이후엔 자신감이 생겨 본격적으로 투자자를 모집해 보기로 했다. 그래서 벤처캐피털의 투자를 받기 위한 프레젠테이션을 열었다. 그 결과 무려 10억 원을 투자받을 수 있었다.

투자자들에게 후이즈에 대한 믿음과 확신을 주기 위해서는 논리적인 접근이 필요했다. 미래가 불투명한 회사에 누가 돈을 투자하겠는가. 그들은 기본적으로 의심이 많은 사람들이라는 걸 알 필요가 있다. 그런 그들이 보는 것은 딱 두 가지다.

'현재 이 회사가 시장에서 차지한 위치는 어느 정도인가?'

'이 회사는 향후 승리할 조직인가?'

즉, 회사가 현재까지 내실 있게 성장해 왔는지, 그리고 향후 험

난한 시장 환경을 뚫고 나갈 수 있는 뾰족한 비즈니스가 있는지를 유심히 보는 것이다.

난공불락의 시장을 뚫고 나갈 묘책을 제시하라

프레젠테이션의 기본은 철저한 준비다. 준비란 리허설을 의미하는 게 아니다. 사실 나는 첫 프레젠테이션을 리허설도 없이 했다. 리허설을 할 시간조차 없을 만큼 바빴기 때문이다. 하지만 절대 위축되거나 어물거리지 않았다. 이미 도메인 시장에서 승리하기 위한 전략을 짜놓은 뒤였기 때문이다.

"후이즈의 시장 점유율은 현재 10%입니다. 설립 이후 지금까지 콘텐츠나 사용자 인터페이스에서 단연 선두입니다. 도메인에 대한 전문 지식을 바탕으로 사용자 인터페이스를 우수하게 구축했을 뿐 아니라 차별화된 회원 관리 전략의 일환으로 실시간 서비스를 실행하고 있기 때문입니다."

이것이 당시 후이즈의 시장 위치였고, 그래서 나는 이것을 증명할 수 있는 데이터를 알기 쉽게 깔끔한 도표 등으로 정리해 보여주었다.

다음으로 보여준 것은 우리의 약점이다. 약점은 솔직하게 노출해도 좋다. 향후 요새를 거머쥐기 위한 전략이 얼마나 견고한지를 보여주기 위해선 역으로 약점을 극명하게 보여줄 필요가 있기 때문이다. 내가 짜둔 전략은 바로 이것이었다.

〈후이즈의 약점〉

(1) 수요의 폭발적 증대에 따른 인력 충원

    – 도메인 시장이 폭발적으로 커져 시급한 인력 충원이 절실함.

    – 자금력과 전문인력 확충을 통해 광고마케팅 분야의 확대가 필
요함.

(2) 전면적 경쟁체계에 앞선 강력한 시장 선점

    – 인터넷 비즈니스 시장의 전면적 경쟁체계 돌입이 예상되므로
강력한 시장 선점이 요구됨.

(3) 대고객 서비스 미흡

    – 대고객 서비스에 대한 보다 전문적인 서비스 체계화가 필요함.

〈해결방안〉

(1) 시급한 인력 충원 및 교육시스템 완비

    – 시급한 인력 충원을 위한 적극적인 인사 채용

    – 탄탄한 인사 조직을 위한 교육시스템 완비

    – 우리사주제 등을 활용해 직원들의 업무 동기 강화

(2) 강력한 광고마케팅 및 기술경쟁력으로 시장의 절대적 선점

    – 3월부터 YTN 광고 및 지하철 광고 시작

    – 광고모델 안치환 프로모션

    – 기술경쟁력 강화로 웹호스팅 사업 강화

    – 도메인 자산관리시스템, 도메인 부동산 등 사업시너지 창출

(3) 명확한 업무분석을 통한 대고객 서비스 체계 확립

- 전체 팀단위의 업무 분석

- 업무 분석으로 도출된 내용을 중심으로 전체 대고객 업무 분장
  의 효율화

- 파일링시스템, 업무매뉴얼, 업무절차서, 업무지침서 등의 문서
  화를 실현하여 업무를 표준화하고, 대고객 서비스에 대한 명확
  한 시스템을 설계·적용함.

콜럼버스가 항해를 떠날 수 있었던 이유

투자자들은 조금의 리스크도 안고 가려고 하지 않는다. 때문에 그들의 마음을 얻으려면 99.9%의 확신으로는 안 된다. 스스로 100%, 아니 그 이상의 자신감으로 무장되어 있어야 그들을 설득할 수 있다. 현재 시장에서의 위치도 중요하지만, 앞으로 전개될 상황을 미리 예측하고 이를 뚫고 나갈 묘책을 예리하게 제시해줘야 그들의 마음을 겨우 얻을 수 있는 게 작은 기업의 현실이다. 즉 논리적인 사고 패턴, 시장에 진입하는 방법 등을 참신하면서도 현실적인 방안으로 제시하고, 이것들이 현재 하나둘씩 실현되고 있음을 입증해야 한다. 과거에 걸어온 길을 바탕으로 향후 언제쯤 상장할 것인지, 투자금은 언제쯤 회수할 것인지에 대해 논리적이고 정확한 답변을 해주어야 하는 것이다.

15세기에 콜럼버스는 대서양 너머 미지의 세계를 향해 출발했다. 그런데 이탈리아 제노바의 평민 출신이었던 그가 항해를 감행하기 위해서는 당시 페르난도 국왕과 이사벨 여왕은 물론 귀족들

의 적극적인 후원이 있어야 했다. 지구는 평평하다는 생각밖에 하지 못했던 그들을, 콜럼버스는 과연 어떻게 설득해 항해를 떠날 수 있었을까?

기록에 따르면 콜럼버스는 스티브 잡스보다 더 집요하게 준비한 최고의 프레젠터였다. 당시 그는 지구가 평평하다는 믿음을 깨고, 이를 입증할 항해도구는 물론 지리학·탐험학과 관련한 지식으로 철저하게 무장해 그들을 설득했다. 그가 훗날 썼던 기록이 이를 말해준다.

"나는 지리학, 역사, 그리고 여타 예술에 관한 방대한 양의 책을 읽었다. 신은 그러한 노력을 가상히 여기시어 나에게 인도로의 항해가 가능하다는 사실을 알려주셨다."

태어나서 지금까지 지구는 평평하다고 믿어온 사람들을 상대로, 그는 지독히도 많은 자료와 도구를 준비해 그들의 관념을 송두리째 흔들어놓았다. 콜럼버스의 반만이라도 전략 구상에 노력을 기울인다면 분명 투자자들의 마음을 얻을 수 있을 것이다.

열정적으로 때로는 저돌적으로

콜럼버스에게 배워야 할 것은 이뿐만이 아니다. 그는 귀족들의 호감을 사기 위해 그들이 선호하는 악센트와 방언까지 익힐 만큼 치밀하고도 유능한 프레젠터였다. 청중의 특성에 맞게 연설을 준비한 것이다. 결국 처음엔 의심의 눈초리로 그를 바라보았던 귀족들이 서서히 그의 논리와 화술, 그리고 설득력에 마음의 빗장을 풀었다.

그래서 나는 IT 자체가 생소한 투자자들을 위해 어려운 용어도 알기 쉽게 풀어서 설명해주는 전략을 사용했다. 그러면서도 말은 힘 있게 했다. 자신감과 여유 있는 미소를 짓되 때로는 다소 공격적인 말투도 전략적으로 사용할 필요가 있다. 그러면 더욱 자신감 있고 열정적으로 보이기 때문이다. 말은 중언부언하지 말고 요점만 간단하게 짚어주는 게 좋다. 손이나 팔 등으로 제스처를 하고 싶다면 자신보다는 상대방 쪽으로 뻗어라. 손이나 팔을 안쪽으로 오그리거나 신체의 일부를 만지는 행위는 소극적으로 보여, 자신감이 없다는 인상을 줄 수 있다.

초기 자본이 부족할수록, 회사의 성장에 가속이 붙을수록, 투자는 절실해진다. 그럴 때는 너무 두려워 말고 투자자를 모집해보자. 빈틈없는 전략과 충만한 자신감 그리고 설득력 있는 말투로 무장한다면 분명 그들의 지갑을 열게 할 수 있을 것이다.

후이즈가 언론에 기사화되고 인터넷 주식 공모로 투자자를 모집하는 등 순풍에 돛단 듯 항해할 때 황당한 일이 발생했다. '인터넷프라자시티' 라는 경쟁사가 생겼길래 접속해보니 사이트 안의 내용들이 모두 HTML 코드 문서까지도 우리 것과 똑같은 게 아닌가. 사이트의 메인 디자인만 조금 다를 뿐 서브 사이트 디자인까지 같고 심지어 HTML 코딩까지 같았다. 당연히 HTML이 같으니, 사이트 내의 표 간격, 표 안에 들어간 카피까지 똑같을 수밖에 없었다. 명백한 사이트 도용이었다.

더욱 약이 올랐던 점은 우리가 배너 자리를 1cm만 옮겨도, 이 사이트 역시 곧바로 똑같이 따라한다는 것이었다. 카피가 너무 길어 짧게 줄이면 그것도 역시 따라했다. 나와 몇몇 기획팀 직원들이 밤샘해가면서 아이디어를 짜내 한 땀 한 땀 공들여 만들어낸 것들을 그들은 얌체같이 베끼고 있었던 것이다. 그걸 생각하니 억울해서 잠이 안 올 지경이었다. 결국 나는 고소를 하기로 결심하고, 증거확보 차원에서 약 5개월간 그 사이트를 내 컴퓨터 서버에 다운로드한 후 캡처해두었다.

그러던 중 미국에서 온 한 변호사가 이는 저작권 소송이 가능하다며 흔쾌히 법률 자문을 해주셨다. 그분과 함께 피해액을 산정해보았는데, 당시 인터넷 주식 공모로 투자받은 10억의 실제 가치는 약 50억 정도였다. 더욱이 인터넷프라자시티가 규모도 좀 있고, 언론플레이도 확실히 하고 있는 상황이어서 우리의 피해는 이만저만이 아니었다.

나는 당장 50억의 피해를 입었다는 내용의 고소장을 접수시키고, 우리의 고소행위가 정당함을 주주들에게 고지하기 위해 신문에 광고를 냈다. 그런데 피고 측에서 "우리는 후이즈 사이트를 도용한 적이 없다."라고 반박하며 명예훼손 혐의로 맞고소한 것이 아닌가. 당시 국내엔 공교롭게도 인터넷 저작권에 대한 최소한의 개념도 없는 상태였다.

"인터넷에 올린 글 정도 가지고 무슨 소송입니까?"

담당 검사가 내게 이렇게 말할 정도였으니 무슨 말이 필요하겠는가. 판례도 없을 뿐 아니라, 인터넷은 어차피 무료인데 어떻게 그 가치를 돈으로 따지느냐는 것이었다. 게다가 상대방의 사이트 내용 전체를 개인 컴퓨터 서버에 다운로드한 것 역시 명예훼손죄에 해당한다는 것이었다. 결국 당사자 모두에게 벌금을 조금씩 물리는 것으로 이 소송은 흐지부지 끝을 내야 했다.

하지만 이 내용이 인터넷 콘텐츠 도용 사건으로 MBC의 전파를 탔고, 후이즈는 다시 명예를 되찾은 반면 인터넷프라자시티는 파렴치한 회사로 낙인찍히게 됐다.

그리고 결국 인터넷프라자시티는 1년이 안 돼 문을 닫아야 했다. 소송 이후엔 더 이상 우리 것을 베끼지 못했기 때문이다. 이것이 바로 대법원 판례집에 실린, 국내 첫 인터넷 저작권 소송 사건이다.

이때 내가 얻은 교훈은 두 가지다.

첫째는 변호사 비용이 들더라도 국내 변호사를 기용하여 철저하게 소송 준비를 해야 한다는 것이고, 둘째는 우리의 허점을 노출하지 않으면서 적을 공략해야 한다는 것이다. 당시엔 상대방의 회사명을 광고에 정확하게 언급한 것과 증거 확보 차원에서 서버에 해당 사이트를 다운로드하는 것이 명예훼손죄에 해당한다는 사실을 몰랐다.

결국 무지의 소치로 우리의 허점을 너무 많이 노출시킨 탓도 있었기에, 피고의 파렴치한 행위에도 불구하고 양벌규정으로 끝을 내야 했던 것이다. 경쟁사의 브랜드 도용 사건은 예나 지금이나 어떤 업계에서든 비일비재하게 일어나고 있다. 만일 이런 위기에 봉착했다면 후이즈의 사례를 반면교사 삼아 결코 손해 보는 일이 없도록 철저히 준비하길 바란다.

윈윈전략은
언제나 옳다

① 짧은 시간 안에 신뢰감을 주고 싶다면 옷차림과 이미지를 활용하는 것이 효과적이다. 자신의 사업 아이템과 거래처 상황에 따라 적절하게 연출해보자.

② 새로운 기술개발에 필요한 핵심 요소가 있다면 사장이 직접 움직여줘야 한다. 특히 독보적인 기술력을 갖고 있는 협력회사라면 장기적인 파트너십을 위해, 될 수 있으면 직접 찾아가 경영진과 면담도 자세히 나누고 회사 분위기도 파악하면서 협상을 진행하는 게 좋다.

③ 투자자들은 조금의 리스크도 안고 가려고 하지 않는다. 때문에 그들을 설득하려면, 현재 시장에서의 입지뿐 아니라 앞으로 전개될 상황을 뚫고 나갈 묘책을 예리하게 제시해줘야 한다. 즉 과거에 걸어온 길을 바탕으로 향후 언제쯤 상장할 것인지, 투자

금은 언제쯤 회수할 것인지에 대해 논리적이고 명확한 답변을 해줘야 한다.

④ 프레젠테이션을 할 때는 여유 있는 미소를 짓되, 때론 다소 공격적인 말투도 전략적으로 사용할 필요가 있다. 그러면 더 자신감 있고 열정적으로 보이기 때문이다. 말은 중언부언하지 말고 요점만 간단하게 짚어주는 게 좋다. 손이나 팔 등으로 제스처를 취할 땐 투자자들을 향해 뻗어야 적극적인 인상을 줄 수 있다.

[자금운용의 기본]

항상 부족하다고 느껴라

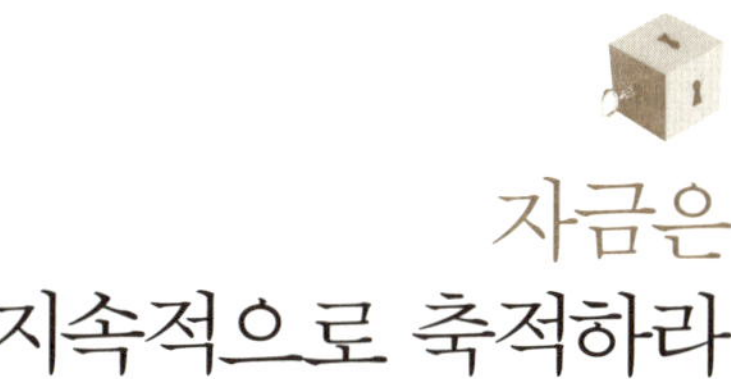

자금은
지속적으로 축적하라

창업을 하고 나서 줄곧 나를 괴롭혔던 문제는 바로 자금이었다. '흑자가 나고 있는데 왜 자금 걱정을 할까?'라고 생각하는 사람도 있을 것이다. 하지만 회사가 흑자를 내더라도 비약적인 성장을 거듭하게 되면 가장 필요한 것이 바로 자금이다.

20만 원으로 시작해 첫 달에 1천만 원을 벌어들이고 직원 수가 늘어나자 더는 집에서 일을 할 수가 없었다. 그래서 직원 면접을 보게 됐는데, 지원자들이 사무실로 찾아오려고 했다. 하지만 면접을 내가 살고 있는 아파트에서 볼 수는 없는 일이 아닌가? 그래서 어쩔 수 없이 "지금 이전 준비 중이라 사무실이 좀 어지럽고 복잡하니 외부에서 미팅을 했으면 좋겠다"라고 이야기한 다음 신촌의

한 커피숍에서 면접을 보았다. 자리를 비운 동안에는 동생에게 전화를 받아달라고 부탁했다. 직원 면접을 보러 커피숍으로 출근하다시피 하다 보니 동생에게 아르바이트비를 주면서라도 업무의 차질이 없도록 한 것이다.

사실 1천만 원은 사무실 보증금도 안 되는 돈이었다. 그 당시는 지금처럼 소호 사업인에게 몇 자리를 임대해주는 경우가 전혀 없었다. 그러다 문득 우리처럼 작은 사무실을 구하고 있는 팀이 어딘가에 있을 거고, 그런 팀과 함께 사무실을 쪼개서 쓸 수 있다면 가능할 것 같다는 생각이 들었다. 수소문한 끝에 겨우 그런 곳을 하나 찾았고 구로에 있는 작은 사무실에서 직원들과 함께 더부살이를 시작했다.

회사는 줄곧 흑자였지만, 워낙 없는 살림에 사업을 시작하다 보니 단돈 10만 원도 너무나 큰 돈처럼 여겨졌다. 직원들 PC가 1대씩 늘어나는 것도 그 당시에는 너무 큰 부담이었다.

아무튼 사업은 개시되었고 회사 규모는 커지기 시작했다. 그렇지만 돈은 언제나 빠듯했다. 그래서 궁여지책으로 저렴하게 빌릴 수 있는 사무실을 다시 찾기 시작했다. 더불어 도메인을 알리기 위해서는 도메인에 대한 교육을 할 필요가 있었고, 그에 따른 장소도 필요했다. 일전에 중소기업중앙회회관 강의장에서 '제1회 도메인 설명회'를 개최한 적이 있는데, 그들은 내 강의를 듣고 나서 3일 안에 도메인을 최소 한 개씩은 등록할 수 있게 되었다. 그 후 매월 도메인 설명회를 개최하고 나면 신문에 광고를 내더라도 충분한 수익이 났고, 점차 후이즈는 폭넓게 알려지기 시작했다.

그래서 강의장이 있는 사무실이 좋겠다는 판단을 하게 되었는데, 마침 연세대학교에서 창업보육센터를 모집하는 광고가 나왔다. 이곳은 비용이 저렴한 것도 장점이었지만 공학원 빌딩 내에 큰 강의장이 있어서 도메인 관련 강의가 필요한 나에게는 안성맞춤이었다.

채 석 달도 못 되어 회사 규모가 너무 커지는 바람에 창업보육센터 내에서는 사무실을 구할 수도 없는 상황이 되어 버렸지만, 초기 사업을 일구는 데에는 많은 도움이 되었다. 충분한 수익이 나는 사업이고 향후 사업 가치가 커질 것은 불 보듯 뻔한데, 직원들 PC 구매 걱정을 하고 있어야 하는 상황이 워낙 아이러니해서 나조차도 황당했다. 그래서 자금 유치를 시작했다. 시작은 엔젤 투자를 유치하는 것이었다.

기존에 모아 두었던 자금을 시드머니(종잣돈)로 하고, 그동안 도메인 설명회를 하면서 알게 된 사람들과 친구들의 도움을 받아 법인 설립을 진행했다. 그 당시 나에게 투자했던 10여 명의 엔젤 중 한 사람은 2천만 원을 투자했는데, 이후 후이즈의 인터넷 주식 공모가 있고 나서 장외 거래를 통해 7개월 만에 10억 원을 벌기도 했다.

아무튼 회사가 법인 형태를 갖춘 이후 엔젤 투자유치에 성공하고, 설립 첫 해에 인터넷 주식 공모에도 성공하고 나니 회사 운영이 한결 체계화되었다. 직원을 뽑는 일도 수월해지면서 회사는 조금씩 안정감을 찾아갔다.

나의 경우, 운이 좋아 사업을 시작한 지 한 달 만에 수익면에서 안타를 날렸지만 그렇다고 해서 주머니가 두둑해진 건 아니었다. 회사가 가파르게 성장한 만큼 투자할 것들이 많아지는 통에 오히려 더 큰 돈이 필요했다. 당장 여러 명의 직원을 충원해야 했고, 충원한 직원 수만큼 책상과 컴퓨터, 전화 등의 사무실 집기들을 갖추어야 했기 때문이다.

게다가 사무실 임대보증금을 아끼기 위해 구로 지역에 있는 업체와 더부살이를 할 때는 그들이 우리를 마치 하위 협력업체 다루 듯 하는 바람에 직원들의 마음고생이 꽤나 심했다.

까딱하다간 흑자 도산 하기 십상이었다. 하지만 처음부터 빚을 끌어오긴 정말 싫었다. 신용불량자란 어둠의 터널에서 벗어나 이제 겨우 태양의 품에 안겼으니 그럴 법도 하지 않겠는가. 그래서 생각 끝에 자금을 적극적으로 유치해보기로 했다.

세무사와 얘기를 나눠 보니 자금을 유치하려고 하면 개인사업자로는 안 된다고 했다. 돈을 빌리는 방식은 리스크가 있으니 법인을 설립해서 엔젤 투자자를 유치하는 것이 좋겠다는 것이었다. 수차례의 도메인 설명회를 하는 과정에서 우리 사업에 굉장한 관심을 가진 사람들을 몇 명 알게 되었는데, 투자 제안을 하자 그들은 흔쾌히 돈을 투자해주었다. 적게는 500만 원에서 많게는 2천만 원 정도였는데, 그럭저럭 5천만 원 정도의 자금이 유치되었다. 5천만 원이지만 그 돈은 나에게 큰 힘이 되었다. 그래도 강남역에 작은 사무실 정도의 보증금은 낼 수 있게 된 것이다.

그리고 얼마 후 갑자기 인터넷 주식 공모 붐이 일기 시작했다. 몇몇 인터넷 기업이 인터넷 주식 공모를 했는데, 10억 원을 단 며칠 만에 모았다는 소식이 언론을 통해 알려지곤 했다.

'우리도 인터넷 주식 공모를 한번 해볼까?'

후이즈 사이트를 대중들에게 좀더 폭넓게 알릴 수 있는 기회도 될 것 같았다. 그래서 곧바로 금감원에 '등록신청서'를 접수시키고 인터넷 주식 공모 절차에 들어갔다. 그런데 불과 이틀 만에 무려 9억 9천9백만 원이 들어왔다. 신생 회사에서 어떻게 이런 일이 일어날 수 있었을까?

우리가 생각한 것보다 훨씬 더 많은 사람들이 이미 후이즈에 대해 알고 있었던 것이다. 반신반의하며 시작한 인터넷 주식 공모였는데, 불과 이틀 만에 200여 명의 투자자들이 10억에 가까운 돈을 우리 법인 통장에 보내주었다.

초기 자본금은 여유 있게

자금은 '기업의 핏줄'이라는 말을 많이 한다. 피가 멈추면 심장이 뛰지 못하듯, 회사 역시 자금이 돌지 않으면 패망하고 만다. 이해하기 어렵지만, '흑자도산'이라는 말도 있으니 말이다. 어쩌면 사장의 가장 중요한 역할은 회사에 자금이 잘 돌도록 하는 일일 것이다.

한국은 대기업이 워낙 강하고, 대기업은 시장 파이가 커진다 싶으면 중소기업의 사업 분야까지 언제든 치고 들어올 수 있는지라, 대한민국에서 중소기업으로 살아남기가 그리 녹록하지만은 않다. 하지만 한편으로 보면 한국은 중소기업 자금지원 제도가 그런대로 잘 갖추어져 있어서, 그것을 잘 활용하면 어느 정도 도움을 받을 수 있는 것도 사실이다.

그러므로 중소기업 자금 정책에는 어떤 것이 있고, 어떤 방향으로 가고 있는지에 대해서 충분히 알고 있는 것만으로도 창업을 하거나 중소기업을 키우는 데 큰 도움이 된다.

최저리인 정책자금이 최선

사업을 시작한 후 가장 신경을 써야 할 것이 바로 비즈니스 모델이다. 수익구조가 분명한 비즈니스 모델을 선택하는 것이 무엇보다 중요하다. 그다음은 자금과 인재인데, 최소한 사무실 및 사무가구, 사무용기기 세팅 비용과 직원들의 6개월치 급여 정도는 있어야 한다.

컴퓨터를 비롯한 사무기기들을 굳이 신상품으로 구입하지 않아도 되지만, 그렇다고 너무 구형인 것은 곤란하다. 효율적인 업무처리를 하는 데 지장이 없는 선에서 구입하면 무방한데, 실제로 경험해본 결과 1년 정도 사용한 중고 PC라면 사용하는 데 큰 무리가 없다. 이처럼 사업 초반엔 실속경영을 할 필요가 있다.

그럼에도 불구하고 초기자금이 부족하다면 정부기관의 정책자금 대출을 받는 것이 좋다. 정부가 지원해주는 정책자금을 잘 활용하면 저금리로 대출을 받을 수 있는데, 정책자금이야말로 그 어떤 금융기관보다 가장 이자가 낮다는 사실을 주지할 필요가 있다.

중소기업을 진흥하고자 하는 정책은 어느 나라나 활발하게 진행되고 있다. 대기업도 중요하지만, 탄탄한 중소기업이 기반 경제를 받쳐주어야 대기업도 좋은 아웃소싱 업체로 활용할 수 있고 국가도 실업률을 줄이고 경제에 활력을 줄 수 있기 때문이다. 따라서 중소기업 경영인들은 중소기업 지원 정책에 대한 충분한 이해가 필요하다.

유관 기관이 매우 많은데, 중소기업진흥공단·신용보증기금·기술신용보증기금·소상공인지원센터는 자주 접하게 되는 기관이므로 사이트를 자주 방문하여 정보를 활용하기 바란다.

소상공인지원센터의 경우, 신규 창업자를 중심으로 약 5천 만원 정도의 생계형 창업비용을 지원할 뿐 아니라 창업에 관한 컨설팅도 무료로 해준다. 단 이 자금을 지원 받으면 상환할 때까지 가능한 매년 흑자 상태를 유지해야 한다. 1년 정도 적자가 난다고 해서 곧바로 상환 압력이 들어오지는 않지만, 2년 이상의 적자는 매우 곤란하다.

신용보증기금, 기술신용보증기금은 은행 대출에 대한 보증을 서준다. 대체로 은행 대출금의 85%에 대한 보증을 신용보증기금이 서고, 나머지 15%를 은행에서 리스크를 떠안는 방식인데, 은행의 심사를 통과하기 위해서는 회사가 적자가 나지 않도록 잘 관리해서 좋은 재무제표를 유지할 수 있어야 한다.

중소기업진흥공단은 중소기업 구조개선자금, 중소·벤처기업 창업자금, 개발 및 특허기술 사업화자금, 중소기업 수출금융 지원자금, 중소기업 협동화자금 등 다양한 수요에 따라 자금을 지원해준다.

인터넷 검색을 해서 각 사이트에 들어가면 사용 용도에 따른 다양한 자금 정보들이 공개되어 있다. 벤처기업인증이나 이노비즈인증기업이 되면 자금 신청할 때 유리하게 적용되므로 인증 심사도 함께 준비할 필요가 있다. 벤처기업인증이나 이노비즈기업인증의 경우 충분한 기술력을 보유하고 있고 적자 법인이 아니라면 충분히 신청해서 받을 수 있다.

너무 어렵게만 생각하지 말고 벤처기업협회나 이노비즈협회를 방문하여 상담을 받도록 하자. 일반적인 정부기관처럼 딱딱한 곳이 아니라, 벤처기업이나 중소혁신기업을 적극 지원하기 위하여 운영되고 있는 협회이니만큼 친근한 곳으로 생각하고 찾아가도 괜찮을 것이다.

새해가 되면 으레 다양한 정책자금이 웹사이트를 통해 소개되니 충분히 파악하여 빠르게 진행해보기 바란다. 새해 벽두부터 자금 신청을 하는 기업이 많지 않으므로 빨리 신청하면 이들 기관에 서류를 접수하고 면담을 요청하는 과정이 훨씬 수월하게 진행될 수 있다.

현금유동성 체크는
하루도 빠트리지 마라

회사를 운영할 때 고객과 직원 다음으로 중요한 건 바로 자금이다. 자금은 회사의 핏줄과도 같다. 우리 몸에서 혈액이 제대로 순환되지 않으면 동맥경화로 목숨이 위태로울 수 있듯이, 회사 역시 자금이 제대로 순환되지 않으면 경영 위기를 맞을 수 있다. 따라서 필히 조심해야 한다.

그런데 정신없이 일을 하다 보면, 막연히 머릿속으로만 자금 상황을 그려보는 우를 범하고 만다.

'이달 여유자금이 5억 정도는 있겠지?'

혼자서 이렇게 판단하고 일을 벌이다가 월말이 되어서야 여유자금이 고작 1억밖에 남지 않았다는 걸 알게 되고는 머릿속이 하얘지는 것이다.

적자도 아닌데 자금줄이 막힌다?

자금에 구멍이 나는 이유는 여러 가지인데, 보통 거래처에서 입금되어야 할 돈이 미처 들어오지 않았거나 대출 연장일이 사전 통보 없이 줄어들었을 때이다. 이런 일에 미리 대비하려면 현금유동성을 매일매일 확인해야 한다. 경영회계팀으로 하여금 일일 자금

일보를 쓰도록 해서 하루도 빼놓지 않고 보고받을 필요가 있다.

나 역시 자금일보를 매일 체크하지 않아서 큰일을 겪은 적이 있다. 대다수 중소기업이 그렇듯, 후이즈도 기술신용보증자금을 활용하고 있었다. 이는 기술보증서를 기준으로 정부가 은행에 대출보증을 서주고 기업에 자금을 빌려주는 형식이다. 즉 전체 대출 금액의 85%를 정부 산하기관인 기술신보에서 보증하고 은행이 15%의 위험 부담을 떠안는 방식인 것이다.

그런데 당시 벤처사기사건이 터지는 바람에, 매년 약 10~20% 정도의 원금만 상환하면 대출 기간을 연장해주던 관행이 갑자기 중단된 것이다.

당연히 연장이 될 거라 믿고 있다가 급작스럽게 자금줄이 막혀버리니, 여유자금이 턱없이 부족해져버렸다. 결국 매달 가장 많은 비용으로 지출되는 직원들의 급여를 이월할 수밖에 없었다. 당시 대리급 이상은 3개월 동안 급여의 10%를 제날짜에 주지 못했다.

"회사 자금에 문제가 생겨 3개월간은 이렇게 할 수밖에 없으니 이해해주길 바란다."

구체적으로 설명하기가 어려워 직원들에게 이렇게 양해를 하고 돌아서니 마음이 돌덩이처럼 무거웠다. 직원들의 사기에 문제가 생길 게 불 보듯 뻔했다.

'갑자기 왜 그러지? 우리 회사 이제 문 닫는 거 아냐?'

분명 온갖 생각으로 마음이 싱숭생숭해질 텐데, 업무에 집중이 될 리가 있겠는가. 사실 회사가 적자인 건 아니었다. 단지 돌발 변수에 대비해 미리 여유자금을 확보해놓지 못한 사장의 경영 실수가 문제를 만든 것이었다.

사장은 항상 최악의 상황을 염두에 두고, 그에 대응할 수 있을 정도의 여유자금을 확보해둬야 한다. 직원 급여로 매달 1억 원가량이 지출되는 회사 규모라면 적어도 10억 원의 여유자금은 확보해 놓아야 사방에서 들어오는 위협에도 쓰러지지 않을 수 있다. 현금유동성 확인은 일주일 간격도 이틀 간격도 절대 안 된다. 매일매일 매출 상황, 부채 상황, 예금 상황을 확인하고 부채상환일은 언제인지 꼼꼼히 체크해야만 자금줄에 문제가 생기지 않는다.

기관별 자금지원 제도

1. 소상공인지원센터

- 지원대상: 세탁소, 문구점 등 소상공인(향락 업종 등은 제외)
- 지원한도 및 금리: 5천만 원, 5.4%
- 상환방법: 1년 거치 4년 분할 상환(30%는 만기)
- 비고: 전 은행 취급

2. 신용보증기금, 기술신용보증기금

- 지원대상: 적어도 1년 이상 사업운영을 한 업체로, 사업체의 규모와 매출 실적이 비교적 높은 기업

- 신용보증서 발급 제한 대상 업종: 담배업, 공동품·귀금속·예술품 중
  개업, 잎담배 도매업, 모피제품 도매업, 총포도매업, 보석, 보육시설,
  부동산업, 금융 및 연금업, 주점업 등
  cf) 신용보증서 발급제한 업종이 명시적으로 확정된 것은 아니다. 때
  에 따라서 추가되기도 하고 변경되기도 하므로, 자신의 사업 유형에
  따라 이용하기에 유리한 신용보증기관을 잘 알아두는 것이 좋다.
- 보증의 종류
  - 대출보증: 기업이 금융기관으로부터 자금의 대출, 급부 등을 받아
    금융기관에 부담하게 되는 금전채무에 대한 보증
  - 비은행 대출보증: 기업이 비은행 금융기관 또는 기타 대출기관의
    대출, 급부 등을 받아 다른 기관에 대해 부담하는 금전채무에 대한
    보증
  - 지급보증의 보증: 기업이 금융기관으로부터 각종 대내외 지급보증
    을 받아 금융기관에 대해 부담하는 금전채무에 대한 보증
  - 어음보증: 기업이 상거래와 수반해 발행·배서·인수한 어음상의 채
    무와 취득 후 자금 융통을 위해 배서한 어음상의 채무, 담보 목적
    으로 발행한 어음상의 채무에 대한 보증
  - 시설대여보증: 기업이 시설대여계약에 따라서 시설 대여업을 영위
    하는 회사 또는 중소기업진흥공단에 대해 부담할 금전채무에 대한
    보증
  - 이행보증: 기업이 정부, 지방자치단체, 정부투자기관, 기타 중소기
    업청장이 정하는 자와의 건설공사의 물품 공급 및 용역 제공을 위
    한 계약 체결에 수반해 부담하는 각종 보증금의 지급 채무에 대한
    보증

3. 중소기업진흥공단

- 지원대상: 창업 초기 기업육성자금으로 우수한 기술력과 사업성을 보유한 7년 미만의 중소기업 또는 창업을 준비중인 자를 대상으로 시설자금 및 운전자금을 지원하는 사업
- 대출방식: 중소기업진흥공단 직접대출 또는 금융기관을 통한 대리대출
- 대출한도 및 금리: 대출한도 업체당 연간 30억 원(운전자금은 5억 원). 단, 20억 원 이상 시설투자기업의 운전자금은 7억 원, 1년 미만 운영기업 중 10인 이상 일자리를 창출한 기업에 대해 금리인하 적용. 중소기업진흥공단 직접대출 업체 중 희망기업에 한하여 체증형금리 적용
- 대출범위:
  - 시설자금: 생산설비 및 시험검사장비 도입 등에 소요되는 자금, 정보화 촉진 및 서비스 제공 등에 소요되는 자금, 공정설치 및 안정성 평가 등에 소요되는 자금, 사업장 건축자금, 임차보증금, 사업장 확보자금
  - 운전자금: 창업소요 비용, 제품생산 비용 및 경영에 소요되는 자금

제2금융권 대출은
독이다

제2금융권 대출은 직접 사용해본 결과, 막상 먹을 때는 달지만 결국은 치아를 다 썩어버리게 하는 초콜릿과 같았다. 일단 대출을 신청하면 일주일도 안 돼 대출금이 입금되니, 급전이 필요할 때 쓰기는 무척 용이했다.

하지만 이게 함정이란 걸 그땐 미처 알지 못했다. 1년 단위의 대출 약정 계약을 한다고 하지만 별도 조항이 따랐다. 언제라도 저축은행이 대출금을 갚으라고 하면, 한 달 안에 갚아야 한다는 조항이다. 그리고 이 조항을 지키지 않으면 담보로 제공된 건물 혹은 회사 주식을 그대로 시장에 경매로 넘겨버릴 수 있다는 계약이 함께 진행된다. 그야말로 독이었다는 걸 깨닫고는 이후론 절대 사용하지 않고 있다.

제2금융권의 두 얼굴

돈이 급했다는 것 자체가 현금유동성에 문제가 있었다는 뜻이다. 이는 경영을 잘 못했다는 방증이기도 하다.

2001년 후이즈는 투자금을 마련하기 위한 펀딩을 시도했고, 거의 성사되었다고 생각하여 사무실을 꽤 넓고 반듯한 곳으로 이전하려고 했었다.

그런데 갑작스럽게 미국에서 시작된 인터넷 거품 논쟁으로 야후의 주가가 급락하자, 투자사가 갑자기 등을 돌리는 일이 발생했다. 사무실 계약금을 날리기 아까워 나는 급한 마음에 부랴부랴 잔금 날짜를 맞추려고 회사 주식을 담보로 제 2금융권에서 10억 원을 빌렸다. 대출 신청을 하자마자 별다른 복잡한 절차 없이 친절하게도 며칠 만에 바로 대출금이 통장에 입금되었다. 덕분에 급한 불을 끄고 한숨을 놓을 수 있었다.

'이자는 비싸지만 이런 신속함이 장점이구나. 꽤 쓸 만한데……'

혼자 이렇게 맘 놓고 있을 즈음 일이 터지고 말았다. 담보로 잡힌 주식의 시가가 떨어지자 그간의 친절은 온데간데없어지고 갑자기 협박 일조로 변하는 게 아닌가.

"귀하께서 담보하신 주식의 시가가 계속 떨어지고 있으니, 저희로서는 그것이 담보로서의 가치가 전혀 없다고 판단됩니다. 그러니 갖고 계신 주식을 장외에서 매도하여 일부라도 자금을 갚아주시든지, 아니면 다른 부동산 담보를 추가로 넣으시든지 하셔야 합니다. 만약 그게 힘들다면, 대출금 전액을 이번 주 안으로 갚으셔야겠습니다."

"일주일 안에 원금을 다 갚으라구요?"

"유감스럽습니다만, 그렇습니다. 원금 상환을 안 하실 경우, 바로 압류 절차를 밟도록 하겠습니다."

순하디순한 지킬이 무서운 하이드로 돌변할 때의 공포도 이보다 더하진 않을 듯했다. 갑자기 없던 10억이 하늘에서 뚝 떨어지기라도 한단 말인가. 엎친 데 덮친 격으로 우리가 제2금융권 대출을 받았다는 소문이 투자자들에게 금세 파다하게 퍼졌다.

"이 사장을 믿고 투자했는데, 회사가 도대체 얼마나 어렵길래 제2금융권을 이용한 겁니까?"

"우리 투자금을 회수할 수 있기나 한 거예요?"

갑자기 회사의 재무제표를 공개하라는 투자자들의 전화에 시달리느라 나는 점점 패닉 상태가 되고 말았다.

뼈저리게 얻은 교훈 네 가지

있는 돈 없는 돈을 모조리 끌어다가 대출금을 갚느라 허리가 휠 지경이었다. 사업 초기부터 주거래은행으로부터 마이너스 대출이라도 신청해두고 평소 현금유동성을 잘 관리했더라면 이런 상황은 발생하지 않았을 것이다. 급하게 일이 터진 후 제1금융권 문을 두드려봤자 이미 한 발 늦은 꼴이었다. 작은 금액이 아닌 경우, 지점에서 기안을 올리더라도 본사 승인까지 받으려면 한 달 이상은 걸리기 때문이다.

하지만 이 또한 경험이라고, 이렇게 한 번 크게 데인 후에야 비로소 나는 자금에 대한 까막눈에서 벗어날 수 있었다. 이때 얻은 교훈은 첫째, 무조건 정부의 정책자금을 최대한 활용하자는 것이다. 가장 이자가 낮을 뿐 아니라 원금상환일 연장도 유연하기 때문이다.

둘째, 제2금융권은 아주 급할 때 최소 자금을 활용할 때 빼고는 절대 사용하지 말자는 것이다. 제2금융권의 대출금리는 연 12~13%로, 꽤 높은 편이다. 그러니 이런 자금을 사용한다는 것만으로도 회사의 신용은 낮아질 수밖에 없다. 게다가 높은 이자율을 상회할 만큼의 수익을 빠르게 얻기란 결코 쉬운 일이 아니다.

셋째, 주거래은행의 지점장과 친해져 자금에 대한 지원을 받을 수 있도록 미리미리 손을 써야 한다는 것이다.

넷째, 현금유동성은 만일의 상황을 대비해 항상 여유있게 관리해야 한다는 것이다.

결국 자금 플랜을 제대로 짤 줄 모르는 초짜 사장이었던 나는 사업 초반부터 이렇게 고생을 해야 했다. '유비무환'이란 말처럼 자금은 미리미리 준비해두어야 나중에 큰일을 당하지 않는다는 걸 명심하자.

보증금과 월세 낼 돈으로 사무실을 사라

현재 후이즈의 본사는 강남 역삼동에 있지만 지사는 구로디지털단지의 지식산업센터에 있다. 역삼동 테헤란로에 있는 사무실을 임대해서 매월 부담스러운 월세를 꼬박꼬박 내다가, 5년 전 정부의 정책자금을 대출받아 아예 사무실을 사서 이사 온 것이다.

굳이 정책자금 대출까지 받아가며 사무실을 산 이유는 간단하다. 원금과 대출이자까지 합쳐도 기존 사무실 월세보다 더 쌌기 때문이다. 평수를 두 배 이상 넓혀 왔음에도 말이다. 게다가 이사한 지 얼마 안 돼 건물 평당 가격이 무려 200만 원씩이나 올랐으니, 뜻하지 않게 저절로 부동산 재테크까지 된 셈이다.

사무실이 곧 재테크 수단

'진작 사무실을 살 걸 그랬네.'

이사를 하고 나서 가장 먼저 한 후회였다. 여태껏 임대 건물에 세를 들어 살다가 내 사무실을 갖게 되니 좋은 점이 한두 가지가 아니었다. 먼저 직원들이 정서적으로 상당히 편안함을 느끼는 것 같았다. 강남 쪽에서는 비싸서 엄두도 못 냈던 넓은 회의실과 세미나실은 물론 휴게실까지 그럴듯하게 갖춰 놓았으니 더욱 그랬을 것이다. 게다가 이제 더 이상 사무실을 옮겨 다니지 않아도 된다는 안정감은 마치 월세방을 전전하다가 내 집을 갖게 됐을 때의 기분과 동일할 것 같았다.

사장인 내가 펄쩍 뛰게 좋은 건 두말할 나위 없다. 넓은 사장실과 접견실이 생겼음에도 사무실 유지비용이 전보다 훨씬 줄어들었다. 직원들에게 예전보다 더 널찍한 책상을 사주는 기쁨도 누렸다.

넓은 집으로 이사해 아이들 방을 새로 꾸며주면서 "공부방도 넓어졌고 책상도 새로 사줬으니까 공부 더 열심히 해야 돼?"라고 말하는 부모의 심정과 뭐가 다를까 싶었다.

뿐만 아니다. 골치 아프게 다른 부동산 자산에 투자할 필요가 없었다. 조금씩 사무실을 넓히는 방향으로 건물을 사두는 것이야말로 최고로 안정적인 재테크였던 것이다.

이런 식으로 절감된 비용은 새로운 사업 분야에 투자할 수 있는 동력이 되었고, 그 결과 자금에 쪼들리지 않고 여유롭게 사업 확장을 할 수 있게 되었다. 또 구로디지털단지는 IT 기업의 군락촌과도 같아서 IT 관련 업체들의 동향과 소식을 접하기 좋았고, 함께할 수 있는 기술 협력 회사들도 주위에 많아 협업과 융합을 해나가기에도 매우 유리한 곳이었다. 좋은 점이 이렇게 많으니 사무실을 좀 더 사지 않은 게 후회되기까지 했다.

정부의 중소기업진흥정책의 일환으로 만들어진 지식산업센터는 점점 그 숫자가 늘고 있는 추세다. 서울 구로동 디지털산업단지뿐 아니라 영등포, 성수동 등에도 있고 안양, 성남, 부천, 의왕, 수원 등 수도권 인근에도 속속 들어서고 있다. 시설도 갈수록 좋아질뿐더러 녹지까지 형성해 경관도 수려하다.

물론 이곳에 입주할 수 있는 대상 업종은 도시형제조업, 지식기반산업, 연구개발 등으로 다소 제한돼 있지만, 점차 가능 업종이 늘어날 것이라고 생각한다.

게다가 사무실 구입 자금의 60~70%를 정책자금으로 지원받을 수 있다. 또 취득세와 등록세는 100% 감면혜택이 있으며 재산세 및 종합토지세는 5년간 50%를 감면해주니, 사업을 시작하는 사장들이라면 꼭 눈여겨보아야 할 항목이다.

누구나 알다시피 월세는 버리게 되는 돈이다. 그리고 수도권 월세는 결코 만만치 않다. 시작부터 자기 건물을 가질 수 있는 사장이라면 무슨 걱정이겠냐만은 대부분 형편이 그렇지 못할 것이다. 그럴 경우 도심에서 월세를 낼 때와 좀더 외곽으로 나가더라도 '내 건물'을 가질 때의 손익계산을 잘 따져보자. 사업 초기부터 부동산 투기를 하라는 의미가 아니다. 업종과 잘 맞는다면, 후이즈처럼 지식산업센터를 분양받아 사무실로도 활용하고 투자수익도 가져가는 게 여러모로 이득이라는 얘기다.

지식산업센터 입주 시 지원가능한 정책자금

1. 중소기업진흥공단 자금: 3년 거치 5년 분할 상환. 연 4~5%대(변동금리)
2. 서울시 자금: 3년 거치 5년 분할 상환. 연 4.5~5%대(변동금리)
3. 엔화자금: 대출 시 상환내용 결정. 연 2.5~4%대(변동금리)
4. 일반은행자금: 대출 시 상환내용 결정. 연금리 6~7%대(변동금리)

주거래은행 지점장을
회사의 경영컨설턴트로 활용하라

사장은 외부의 어떤 사람들과 긴밀한 친분관계를 유지해야 할까? 투자자, 주요 고객 등이 있겠지만 꽤나 중요한 사람이 바로 주거래은행 지점장이다.

성격상 사람한테 굽히는 걸 잘 못하는 나 역시도 지점장에게만은 더없이 친근하고 싹싹하게 대한다. 대체적으로 은행 지점장들은 주변의 여러 회사를 방문하게 되므로 경영 환경의 변화에 대해 자세히 알고 있는 편이다. 특히 세무나 기업자금운용에 박식한 은행 지점장들이라면 중소기업 사장들에게 더없이 좋은 경영 멘토의 역할을 할 수 있다.

신용도를 높이는 비결, 은행 대출

얼마 전 대한상공회의소가 전국의 중소기업 300개를 대상으로 조사한 결과, 중소기업은 주로 2개의 금융기관과 거래하고 있었다. 나 역시 주거래은행을 두 곳으로 정해 거래를 하고 있다. 대출우대 정책이 탁월한 은행에 회사 운용자금의 70%를 맡겨두고, 그다음 차순의 은행에 30%를 맡겨두었다. 은행으로부터 회사의 신용도를 높여야 하는 이유는 자금이 부족할 때 급전을 쓰지 않고도 제1금융권 은행에서 안정적으로 대출받을 수 있기 때문이다. 그러려면 운용자금 중의 일부를 은행 대출로 가져가는 것이 전략적으로 유리하다.

대출이란 결국 빚이므로, 상식적으로 생각하면 빚이 하나도 없는 회사가 더 신용도가 높을 것 같지만, 대출금이 아예 없다고 해서 신용도가 꼭 높은 것은 아니다. 오히려 약간의 대출을 쓰면서 정확한 날짜에 이자를 꼬박꼬박 납입하고 정확한 기일에 대출금을 상환하면 은행 거래실적에서 신뢰도가 쌓여 신용도가 더 높아진다. 처음 대출을 받는 고객은 아직 그 성실성이 입증되지 않은 상태이므로 불확실한 신규 고객으로 분류되지만, 대출을 조금 사용해 왔던 고객이라면 대출 상환 실적이 쌓이게 되어 우대 고객으로 인정받기 때문이다. 실적을 잘 관리하면서 마이너스대출 통장 등을 잘 활용하면, 운영자금 부족 시에 유연하게 대처할 수 있다.

아무래도 한국의 중소기업에 대출을 잘해주는 은행은 외국계 은행보다는 국내 은행이다. 외국계 은행은 대출이자가 턱없이 높을 뿐 아니라 은행 속살 찌우기에만 급급하단 이유로 이미 언론의 뭇매를 맞은 적이 있다. 그러니 우리은행, 국민은행과 같은 국내 은행이나 기업은행, 농협 등의 특수은행과 거래를 하는 게 현명하다. 회사가 지방에 있다면 지방은행을 활용하는 게 더 좋을 것이다.

기업 신용도가 높으면, 지점장 재량으로 금리 0.5% 정도를 낮출 수 있다는 사실도 알아두자. 다만 자금을 대출할 때는 한꺼번에 한도액 전부를 쓰는 것보다 조금씩 나누어 쓰는 것이 좋다. 그래야 대출 금액의 활용성을 높일 수 있다.

지점장에게 무료 컨설팅을 받으려면?

금융기관은 대출뿐 아니라, 기업 컨설팅도 해주는 곳이라는 걸 알 필요가 있다. 그러므로 정기적으로 주거래은행 지점장과는 인사를 나누는 것이 좋다. 다른 회사의 동향이나 경기 흐름에 대해 다소 정확한 식견을 들을 수 있고, 사업에 어떤 자금이 효과적인지 사전 정보도 들을 수 있기 때문이다.

물론 회사는 매출이 꾸준히 성장해서 은행 통장에 잔고를 꾸준히 쌓아가고 있어야 기본적인 신뢰를 얻을 수 있다. 그와 동시에 향후 회사가 얼마나 성장할 것인지에 대해, 지점장에게 시장 상황에 맞춰 논리적으로 어필할 필요가 있다. 회사의 사업에 대해 지점장이 확신하게 된다면 대출금리를 좀더 낮게 받을 수 있기 때문이다.

"지점장님께서도 한글 도메인 서비스가 새롭게 도입된 걸 알고 계시죠? 이미 존재하는 영문 도메인 시장 위에 다시 '후이즈.한국'으로 표기되는 한글 도메인이 신규로 오픈을 한 것이지요. 그러니 도메인 시장이 불안할 리가 있겠습니까? 인터넷이 없어지지 않는 한, 도메인 시장은 지속적이고 안정적으로 성장할 겁니다. 참, 얼마 전에는 청와대도 저희 회사에서 '청와대.한국'을 등록했는데, 인터넷 브라우저 창에 치시면 아마 바로 뜰 겁니다."

"아, 그런가요? 그러면 새로운 한글 도메인 시장이 형성된 거네요."

중소기업을 진흥하고자 하는 정책은 어느 나라에서나 활발하게 진행되고 있다. 중소기업이 탄탄하게 경제 기반을 받쳐주어야 대기업도 좋은 아웃소싱 업체로 활용할 수 있고, 국가도 실업률을 줄이고 경제에 활력을 줄 수 있기 때문이다. 따라서 중소기업은 관련 지원 정책에 대한 충분한 이해가 필요하다.

유관 기관들은 꽤 있지만 특히 중소기업진흥공단, 신용보증기금, 기술신용보증기금, 소상공인지원센터는 사이트를 자주 방문하여 정보를 활용해야 한다.

소상공인지원센터는 신규 창업자를 중심으로 약 5천만 원 정도의 생계형 창업을 지원하고 있으며 다양한 창업 컨설팅도 함께 해준다.

신용보증기금, 기술신용보증기금은 은행 대출에 대해 보증의 형태로 지원한다. 대체로 대출금의 85%까지 보증하기 때문에 신용도가 높으므로 대출금리가 낮아지게 된다.

중소기업진흥공단은 중소기업 구조개선자금, 중소·벤처기업 창업자금, 개발 및 특허기술 사업화자금, 중소기업 수출금융 지원자금, 중소기업 협동화자금 등 다양한 수요에 따른 자금지원을 한다.

각 사이트에 들어가면 사용 용도에 따른 다양한 자금 정보들이 공개되어 있다. 벤처기업인증이나 이노비즈인증기업이 되면 자금 신청이 유리해지는데, 인증 심사도 함께 준비하면서 한 해 자금 계획을 세워 다양한 정책자금에 접근해보기 바란다.

이런 식으로 차 한잔 마시면서 회사에 대한 긍정적 이미지를 계속 전한다면, 지점장도 회사에 대한 믿음을 갖게 될 것이다.

"저기 이 사장님, 기술연구소가 있으시니 재무제표에서 연구개발비를 비용이 아닌 자산 항목으로 인정받을 수 있습니다. 그렇게 되면 당연히 수익구조가 개선돼 재무제표의 흑자 규모가 좀 더 커지겠지요. 그렇게 진행하시면 저희가 대출 한도액을 좀더 상향 조정할 수 있습니다."

"아, 그런가요? 그건 미처 몰랐네요."

은행과 기업은 상생관계이다. 그러므로 우량고객기업의 흑자 경영을 유도하는 것은 은행의 이윤도 챙길 수 있는 방법인 셈이다. 지점장은 친한 사장에게 최적의 자금 운용법, 매출 데이터 관리법 등에 대한 정보를 귀띔해주기 마련이다. 물론 이는 주거래은행의 주요 임무이기도 하지만, 자신의 발로 직접 찾아와 친절하게 회사의 미래 가치를 어필하는 사장에게 아무래도 더 많은 정보를 주지 않겠는가. 무뚝뚝한 사장보다 친절하고 열정적인 사장에게 지점장도 떡 하나 더 주고 싶은 법이다.

흑자전환 때 오만했다간
큰코다친다

우여곡절 끝에 사업을 안정화시키고 회사가 완전히 흑자 전환되어 안정국면으로 들어서면, 보통 사장은 초심을 잃기 쉽다. 초반엔 새가슴으로 조마조마하게 시작했던 사업이 예상보다 쉽게 대박을 친 나 역시 마찬가지였다.

'사업 이거, 해보니깐 별거 아니네. 역시 난 사업가 체질인가 봐.'

이렇게 마치 남들보다 특별한 양 의기양양해져서 뭘 해도 잘될 것 같은 착각에 빠져드는 것이다. 그러면서 예전부터 해보고 싶었지만 자신이 없어 접었던 사업 아이템을 다시 시도해보고 싶은 무모함이 슬슬 고개를 들기 시작했다. 마침 여기저기서 투자제안이 들어오는데, 그중에는 평소 내가 생각해왔던 것들도 꽤 있었다. 결국 자기도취에 빠진 나는 주저 없이 큰 돈을 투자하기 시작했다.

고객의 니즈를 간과하면 급추락

하지만 그중에 성공한 것은 단 하나도 없다. 결국 나의 외도는 처절하게 패배로 끝이 난 것이다. 이유가 무엇일까?

바로 고객을 간과했기 때문이다. 사업의 중심은 언제나 고객이지, 사장이 아니었던 것이다. 고객이 좋아할 만한 아이템이 상품

가치가 있는 것이고, 사장의 개인적 취향은 크게 중요하지 않다는 얘기다.

그럼에도 불구하고 구름을 탄 듯 기분이 붕 뜬 상태에선 고객의 니즈를 망각하기 쉽다. 이럴 때일수록 정신을 바짝 차려야 한다. 단언컨대 헛된 망상은 100% 실패를 부를 뿐이다. 아이템은 철저하게 고객을 천착해 만들어야 하거니와, 설령 그런 아이템이 머릿속에 떠올랐다 해도 그것을 세상에 내놓기까지는 연구개발이라는 숙성기간이 필요하기 때문이다.

만일 고객의 니즈인지 사장 자신만의 주관적 니즈인지 감이 잘

절세 포인트

1. 세금계산서 끊는 시기를 늦춰라

전년도 매출이 전반적으로 좋은 상태에서 마지막 달인 12월에도 매출이 발생했다면, 세금계산서를 그달 끊지 말고 다음 해 1월에 끊어라. 다음 해에 혹시라도 매출상황이 불안할 경우를 대비해두는 것이다. 시기만 좀 늦추는 것이지, 매출을 누락시키는 것은 아니므로 별 문제는 없다. 이런 장치 등을 통해 법인세를 절감할 수 있다.

2. 은행 대출을 받아라

은행 대출을 받아 자금을 운용하는 것은 세금 절약면에서도 유효하다. 돈을 빌려 발생하는 이자가 비용으로 인정되기 때문이다.

안 잡힌다면, 처음부터 일을 크게 벌이지 말고 일단 시범 테스트를 해보는 게 좋다.

예를 들어 얼굴에 붙이면 5분 만에 피부를 탱탱하게 해주는 신개념의 고농축 마스크를 개발했다고 하자. 이때 처음부터 몇십만 개를 만들지 말고, 몇천 개나 몇만 개 정도만 만들어 테스터들에게 나눠주고 반응을 분석해보는 것이다. 이렇게 하면 수억 원이 아닌 수천만 원 정도면 충분하지 않겠는가. 설령 손해를 보더라도 크게 휘청거릴 일은 없다.

아이템이 고객의 니즈와 맞아떨어져도, 판매를 원활히 이끌어내 마케팅 능력이 안 되는 회사와는 손을 잡아선 안 된다. 내가 '나는 무엇이든 성공시킬 수 있다'라는 착각 속에서 헤매던 시절, 마침 탈모방지상품을 개발한 회사로부터 투자 제안이 들어왔다.

"우리가 벤처캐피털도 아니고, 주사업 분야와 시너지도 없는 사업에 왜 투자하겠다는 거야. 게다가 그 회사 내부사정에 대해서 잘 알지도 못하잖아. 안하는 게 좋겠어."

후이즈의 기술이사인 형이 무리수를 두지 말라며 충고를 건넸다. 하지만 난 장담하며 이렇게 말했다.

"아니야, 이번엔 꼭 될 거야. 요즘 대학생들도 스트레스 때문에 탈모가 온다잖아. 그러니까 이건 분명히 남녀노소 모두에게 꼭 필요한 상품이라고."

결국 난 우겨가며 또 일을 벌였다. 그런데 믿고 큰 돈을 투자한 회사의 마케팅 실력이 형편없었다. 아무리 아이템이 좋고, 기술력

1. 증빙자료를 꼭 챙겨라

후이즈는 직원이 많다 보니 회식을 하면 비용이 상당히 많이 나온다. 한 번은 회식비로 400만 원이 나왔는데, 세무서에서 감사가 나왔다. 이게 무슨 회식비냐며, 아무리 생각해도 거래처 접대비 같다는 것이었다. 억울하게 법인세를 내지 않기 위해 우리는 그 비용이 회식비라는 걸 증명해야 했다.

"사장님, 우리 회식 때 찍은 사진 있잖아요."

마침 한 직원이 내게 이렇게 말했고, 나는 곧바로 그 회식 사진과 직원이 직접 사인한 카드영수증을 첨부한 기안서를 올렸다. 결국 정당한 비용으로 인정돼 다행히 법인세를 안 뗄 수 있었다. 이러한 일을 겪지 않으려면 평소에 증빙자료를 깔끔하게 남겨둘 필요가 있다.

2. 지출결의서 쓰는 습관을 들여라

언젠가 전 직원에게 상품권을 나눠준 적이 있다. 당연히 이 또한 비용으로 인정돼야 하는데, 세무서에서 직원들에게 준 건지 믿을 수 없다는 반응을 보였다. 다행히 이때는 지출결의서를 증빙서류로 제출해 무사통과되었지만, 이런 오해들을 불식시키기 위해서는 비용이 발생할 때마다 직원들에게 지출결의서를 쓰도록 습관화시켜야 한다. 이 역시 종이에 써서 결재를 받는 건 비효율적이다. 스마트경영시스템으로 즉각즉각 올리고 승인하도록 하는 게 효율적이다.

3. 모범납세자상을 받으면 금상첨화

지난 2006년에 나는 역삼세무서로부터 모범납세자상을 받았다. 그러자 5년 동안 세무조사가 없었다. 사실 세무조사를 받으면, 이래저래 증빙

서류를 준비하는 것도 많지만, 조사받는 동안 직원들이 일을 못하는 게 더 큰 문제다. 직원들이 일을 못하면 결국 회사로선 손해인 셈이다. 따라서 평소 세무서 사람들과 친분을 쌓으면서 '우리는 깨끗한 기업이다'라는 이미지를 심어주자. 여기에 모범납세자상까지 받으면 세금폭탄 맞을 일도 없고, 업무 방해도 안 받으니 여러모로 이득이다.

 **[위기대처법] 각종 소송에서 승소하려면?**

1. 돈 문제만큼은 털어도 먼지 안 나게 하라

사업을 하다 보면 별의별 일이 다 생긴다. 특히 자금 문제로 소송에 휘말리면 일이 꽤 복잡해진다. 누군가가 작정하고 치밀한 시나리오를 짠 후 덤벼들면 힘없는 개인이 어쩌겠는가.

사업을 하면서 겪었던 최악의 사건은 2001년에 사용한 사채에서 비롯됐다. 당시 나는 한 글로벌 비즈니스에 투자하기 위해 개인투자자에게 주식을 담보로 전환사채를 받아 썼는데, 사실 말이 전환사채지 금리로 따지면 명백한 사채였다.

금리 개념에 무지했던 터라 이를 덜컥 받았다가 결국 엄청난 사채 빚을 지고 말았다. 원금에 이자까지, 무려 4년 동안 모든 월급을 차압당해야 했다. 회사 돈으로 갚을 수도 있었지만 재무제표에 문제가 생기면 회사 신용이 떨어지니, 무조건 사비로 막으려 했다.

그런데 그 다음 단계에서 경쟁회사 인수건이 터지고 말았다. 그때 내가 판단착오로 기밀유지 협약을 맺지 않고 미팅을 진행했는데, 이 상황을 눈여겨본 사채업자가 그 회사를 덜컥 사버린 것이다. 결국 사채업자에게 경쟁회사 인수의 기회를 뺏기고 말았다.

이때 설상가상으로 후이즈 내부 직원의 횡령사건이 터졌고, 기회다 싶었던 사채업자가 직원을 매수해, 그녀가 카피한 후이즈의 회계장부를 모두 넘겨받았다. 그리고 팀을 꾸려 장부 조사를 철저히 한 다음, 나를 배임죄로 고소했다.

임무를 위반했다는 애매한 죄목이었다. 이로 인해 후이즈는 1년 반 동안 조사를 받아야 했고, 나는 5년 동안 법원에 드나들며 검찰조사와 함께 3심까지 재판을 받아야 했다.

그때 내게 뭔가 조금의 허물이 있었다면 철창신세를 졌겠지만, 아무런 혐의가 없었기 때문에 무죄판결을 받을 수 있었다. 아무리 추잡한 사건에 휘말렸어도 탈탈 털어 먼지 하나 나지 않았기 때문에 결국 제자리로 돌아올 수 있었던 것이다.

여기서 얻은 교훈은 자금 부문만큼은 어떤 흠도 잡히지 않을 만큼 투명 경영을 해야 한다는 것이다. 사람이 재수가 없으려면 뒤로 넘어져도 코가 깨진다고, 잘못 걸리면 아주 작은 흠도 큰 결점이 돼 사람 발목을 잡는다는 걸 숱한 경제사건에서 목도하지 않았던가. 그러니 경영만큼은 투명하게 해서 어떤 상황에서도 떳떳할 수 있도록 하자.

2. 직원에게 계약확인서를 미리 받아두라

운영 초반에 한 고객이 홈페이지 개설과 관련해 후이즈가 계약을 위반했다며 우리를 경찰에 고소했다. 그래서 불려갔더니, 경찰 측에서 당시 계약확인서를 작성했던 직원을 데려오라는 것이었다. 하지만 이미 그 직원은 퇴사한 뒤였다. 다급하게 전화를 해 사정을 얘기했지만, 그 직원은 결국 오지 않았다.

사실 사업부 단위별로 계약서를 숱하게 쓰지만, 정작 작성자가 누군지 모르는 일이 허다하다. 이럴 경우 뒤늦게 일이 터지면 해결할 방법이 없

다. 그러니 모든 계약확인서에는 계약의 주체, 담당자 사인 등을 전자결
재로 다 받아 관리해둘 필요가 있다. 그래야 소송 문제가 생겼을 때, 담
당 직원이 퇴사했더라도 호출할 수 있는 근거가 생긴다.

이 뛰어나면 뭐 하겠는가. 고객에게 상품을 매력적으로 어필하는 능력이 없으면 아무 소용이 없다. 결국 난 또 쓴맛을 봐야 했다.

그나마 불행 중 다행인 건 외부에서 돈을 끌어다 일을 벌인 건 아니라는 것이었다. 만일 급전을 끌어다 투자하거나 새로운 시도를 했다면 정말 심각한 위기에 봉착했을 것이다.

사업이나 투자는 도박이 아니다. 복불복이 아니라, 자신이 평소 축척해둔 노하우를 바탕으로 아이템을 선별하고 철저한 시장조사를 거친 다음 세상에 내놓아야 한다. 고객의 이목을 집중시키지 못하는 아이템은 백이면 백, 모두 실패이다. 일이 잘 풀릴수록 마음이 붕 뜨고 고객의 마음과 멀어지지 않도록 스스로를 단속할 필요가 있다.

항상 부족하다고
느껴라

① 한국은 중소기업 자금지원 제도가 그런대로 잘 갖춰진 편이라, 잘 활용하면 어느 정도 도움을 받을 수 있다. 따라서 중소기업 자금 정책에는 어떤 것이 있고, 어떤 방향으로 가고 있는지에 대해서 충분히 알아둘 필요가 있다. 그것만으로도 창업을 하거나 중소기업을 키우는 데 큰 도움이 될 것이다.

② 자금에 구멍이 생기는 이유는 여러 가지인데, 보통 거래처에서 입금되어야 할 돈이 들어오지 않았거나 대출 연장일이 사전 통보 없이 줄어들었기 때문이다. 이런 일에 미리 대비하려면 현금 유동성을 매일매일 확인해야 한다. 경영회계팀으로 하여금 일일 자금일보를 쓰도록 하고, 그것을 하루도 빼놓지 않고 보고받을 필요가 있다.

③ 누구나 알다시피 월세란 버리게 되는 돈이다. 그리고 수도권의 월세는 결코 만만치가 않다. 시작부터 자기 건물을 가질 수 있는 사장이라면 무슨 걱정이겠냐만은 대부분 형편이 그렇지 못하다. 이 경우 도심에서 월세를 내는 것과 좀더 외곽으로 나가더라도 '내 건물'을 가지는 것의 손익계산부터 잘 따져보자.

④ 주거래은행 지점장과는 정기적으로 인사를 나누는 것이 좋다. 다른 회사의 동향이나 경기 흐름에 대해 다소 정확한 식견을 들을 수 있고, 사업에 적합한 자금이 무엇인지 사전 정보를 얻을 수 있기 때문이다.

[미래를 만들어가는 비전]

발명가
정신으로
무장하라

세상의 트렌드를
읽어라

1998년 12월 1일, 나는 개인사업자로 디비딥을 출범했다. 내가 만들었던 첫 번째 경영이념은 '새로운 가치를 창출하는 기업'이었고, 인재상은 '휴머니즘'이었다.

결국 세상을 향해 우리의 사업을 펼치는 것이었고, 세상이 앞으로 어떤 흐름으로 움직일지에 따라 사업 아이템의 흥망성쇠가 좌지우지된다. 즉, 세상 속의 트렌드가 무엇보다 중요하다는 말이다.

돌이켜보면 근시안적인 사고로 돈 좀 되겠다 싶어 벌인 일들은 꼭 손해를 봤던 것 같다. 회사 설립 이후, 회사를 빠르게 안정시키기는 했지만, 사실 중간중간 투자에 실패한 적도 꽤 많았다. '나는 잘될 거야' 하는 패기와 의욕만 앞섰지, 미래에 대한 정확한 계산도 사업을 펼쳐나갈 세밀한 전략도 없었던 까닭이다.

사업을 안정시키고 유명세를 타면 여기저기서 투자를 제안해 오기 마련이다. 그런 경우 나와 우리 조직이 보유한 콘텐츠나 내적 역량과 전혀 상관 없는 사업들인데도 제안자의 경력이 화려하고 언변도 뛰어나 귀가 솔깃해질 때가 많았다.

사실상 쉽게 사업에 성공했기 때문에 나는 그 사람들 정도면 충분히 할 수 있겠지 하는 안일한 생각으로 투자를 감행했다. 하지만 시장의 규모나 트렌드, 흔히들 얘기하는 기본적인 SWOT 분석조차 없이 투자한 것이어서 참혹할 정도로 모두 실패하고 말았다. 그렇다고 누구를 탓하고 싶지도 않았다. 어차피 투자에 대한 결정은 내가 내린 것이니 스스로 책임져야 했다. 물론 그들의 과장은 거의 사기 수준이었지만 나의 부족함을 먼저 생각했지, 그들의 잘잘못을 굳이 따지고 싶지는 않았다.

그때 난 깨달았다.

'아, 언제부턴가 내가 혼자만의 성에 갇혀서 살고 있었구나.'

뜨거운 열정도 '다 잘될 거야'라는 긍정 마인드도 중요하지만, 세상을 총체적으로 보는 눈 없이 혼자만의 생각에 빠지면 결국 자승자박할 뿐이다.

말을 타고 가면서 움직이는 과녁에 화살을 명중시켜라

실패를 거듭한 후부터는 아무리 바빠도 세상 돌아가는 소식에 모든 촉을 곤두세웠다. 먼저 학자들이 예견하는 미래 보고서에 관심을 기울였다. 앨빈 토플러가 21세기에 세계의 부를 지배할 곳으로 중국을 지목한 건 이미 2005년의 일이었다. 실제로 현재 중국은 세계의 공장으로 엄청난 양의 원자재를 수입하고, 엄청난 양의 외화를 벌어들이고 있다.

대안미래연구소(Institute for Alternative Futures)의 클레멘트 베졸드 소장은 최근 SNS를 통한 사회참여 등을 언급하며 "앞으로는 인터넷에서의 인간관계가 보편화되고 사이버 공간에서의 정치 참여가 차세대 시민운동에 크게 영향을 줄 것"이라고 말했다. 이 때문에 대규모 산업 구조와 표준화 등으로 점철된 거대 사회가 탈중심화하면서 국가 단위보다도 더 좁은 세상인 '작은 커뮤니티'가 부상할 것이라고 예측했다.

우리나라와 관련해서는 단기간에 세계 최고 수준의 방송통신 인프라를 구축한 사례를 높이 평가하면서, 미래 사회에서 주도권을 이어가기 위해서는 스마트를 활용한 일, 건강, 교육이 중요할 것이라고 지적했다. 결국 인터넷의 발전이 우리 사회 정치, 경제, 사회, 문화에 깊숙이 침투하여 변화를 가속화할 것이며, 업무 시스템 또한 인터넷과 IT 기술을 활용해 훨씬 효율적인 방향으로 발전해갈 것이라는 이야기이다. 스마트워크는 분명 우리 삶의 방식을 크게 바꾸어줄 것이다. 그러므로 이러한 변화들로 인해 일어날 삶의 변화들을 면밀히 분석하여 예측해보면, 새로운 사업 아이템들을 발굴할 수 있게 된다.

생각해보면 뽀로로가 대박 난 이유도 간단하다. 뽀로로는

2003년도에 개발된 상품이다. 이미 그때도 우리나라의 출산율은 OECD 가입 국가 중 최하위를 기록했다. 그렇다면 향후 어떤 일이 발생할까? 결국 한 자녀 가정이 늘게 될 것이고, 부모들은 아이를 위해 지갑 여는 것을 주저하지 않을 것이다. 이런 시류를 타고 아이들이 열광할 만한 친근하고도 독보적인 캐릭터 상품을 만들어냈으니 당연히 히트를 칠 수밖에 없었다.

그밖에도 나는 시사 프로그램만은 꼭 챙겨보고, 대기업 산하 경제연구소의 발표자료 및 유엔통계자료, 그리고 국제 금융시장을 주도하고 있는 골드만삭스의 보고서 등도 꼼꼼히 보았다. 지식경제부나 중소기업진흥공단의 홈페이지에 접속해 정부가 어떤 부문의 기술에 R&D 투자를 지원하고 있고, 어떤 사업 부문을 집중 육성하고 있는지 눈여겨보는 것 역시 큰 도움이 되었다.

특히 반기문 유엔사무총장의 연설은 세계의 관심이 어느 곳에 집중되고 있는지를 알 수 있는 바로미터로 여겨지기 때문에 깊이 새겨듣기도 했다. 그중 기후변화가 인류의 미래를 위협한다는 경고를 듣고는 IT 사업에 친환경 코드를 결합시키는 아이디어를 떠올리기도 했다. 현재 나는 그린 성장을 비즈니스의 테마로 잡고, 종이를 사용하지 않는 업무 환경을 만들어주는 스마트경영시스템과 모바일 기반의 ERP솔루션, 그리고 태양광과 LED를 결합한 상품 등의 아이템으로 사업을 확장해가고 있는 중이다.

누구나 예견하다시피, 점점 고령화사회가 될 테니 실버 사업 역시 아이템만 좋다면 가능성이 있다고 본다. 실버타운에 가게 된다면, 그곳의 부족한 점이 무엇인지 살펴보라. 그리고 부족한 틈새를 메꿀 수 있는 아이템을 발굴해보라. 결혼을 하지 않는 비혼족 역시 늘고 있는 추세다. 그들의 욕구를 충족시켜줄 수 있는 상품들이 무엇일지 고민하다 보면 역시 새로운 아이디어들이 샘솟을 것이다.

나도 변화하고 세상도 변화한다. 그리고 세상은 정치, 경제, 문화, 환경 그리고 사람들이 모두 유기적으로 얽히고설켜 돌아가도록 되어 있다. 이러한 흐름과 메커니즘을 꿰뚫어보는 안목을 키워야 한다. 그렇게 되면 사업도 보이고 돈도 보일 것이다. 세상이 나를 위해 맞춤형으로 변화해줄 수는 없는 노릇이니, 내가 세상에 맞춰가면서 변해야 한다.

사업가는 시류에 반 발 앞서가야 한다. 즉 트렌드를 읽고 빠른 속도로 말을 타고 달리면서, 세상이라는 과녁에 화살을 적중시키는 사람이란 사실을 잊지 말자.

그렇다면 어떻게 트렌드를 읽고 새로운 발명품을 만들어낼 수 있을까? 우선 기본적으로 IT에 대한 인식을 할 필요가 있다. IT 메커니즘을 자신이 하고 있는 일과 융합시키다 보면 새로운 시장을 발견하게 될지도 모른다.

발명가정신으로
세계와 경쟁하라

요즘처럼 세상이 좁다고 느껴진 적이 없다. 지구 반대편에서 누군가가 한 말을 실시간으로 접할 수 있는 이른바 글로벌 소셜네트워크 세상에서 살고 있기 때문이다. 전 세계에서 일어나는 뉴스를 손안에서 볼 수 있는 세상이니만큼 글로벌한 아이템을 발굴하기만 하면, 대한민국뿐 아니라 세계를 깜짝 놀라게 하는 일이 그리 어려운 것도 아니다.

그러니 이제 우물 안의 개구리처럼 대한민국 안에서만 경쟁하겠다는 생각은 버리자. 사업가의 뜻을 품었다면 세계인의 마음을 움직일 만한 강력한 핵심기술을 개발하라.

사업가는 발명가적 기질을 보유해야 한다. 그러려면 기존의 패러다임을 우습게 만들 수 있는 사고의 획기적 전환, 즉 코페르니쿠스적 사고 전환이 필요하다. 코페르니쿠스의 지동설 덕분에 현대인들은 한 달, 그리고 1년을 정확하게 계산할 수 있게 되지 않았는가. 폴란드의 토룬이라는 작은 마을에서 살던 한 사람의 사고가 세상을 바꿔놓은 것이다.

사실 지구는 변한 것이 없다. 지구를 이해하는 눈이 바뀐 것뿐이다. 사업가도 이와 같아야 한다. 기존의 생각을 바꿔놓을 만한 획기적인 비즈니스 아이템이어야 비로소 세계를 상대로 경쟁할 만하다.

기존의 아이템을 벤치마킹하는 것도 한 방법이겠지만, 그렇더라도 새로운 기술을 접목해야 한다. 남이 공들여 차려놓은 밥상에 숟가락 하나만 올려서 이익을 얻으려는 장사치 마인드로는 세상을 놀라게 하기는커녕 기존의 시장을 흐려놓는다는 비난을 받을 뿐이다.

놀이에서 키워진 상상력의 힘

그렇다면 창의력은 어떻게 키울 수 있을까? 나는 기존의 아이템을 서로 연관시키는 상상을 많이 하곤 한다.

'기존의 보안 문제는 소프트웨어적 접근만으로 해결하려 했었는데, 이것을 하드웨어적인 방법까지 함께 구축하여 실행하면 훨씬 더 효과적이지 않을까? 서버 간의 구획을 보다 구체화해서 보안 개념을 체계화한다면 보안 기능도 더욱 강화될 거야.'

현재 이 기술은 계열회사인 후이즈홀딩스가 개발하여 상용화에 들어가 있는 상태이다.

'에어베개를 그냥 사용하게 되면, 베개로밖에 사용할 수 없지만, 양쪽에 손잡이를 달게 되면 수영장이나 워터파크에서 즐겨 사용할 수 있는 물놀이 용품으로도 활용할 수 있겠지? 손잡이가 있으니 당연히 들고 다니기도 쉬울 테고……'

이렇게 해서 탄생한 아이템 역시 계열회사인 후이즈홀딩스에서 개발해 판매하고 있다.

얼마 전 안타깝게 세상을 떠난 스티브 잡스 역시 창의력이란 점 잇기라고 정의하질 않았던가. 대학을 중퇴한 후 서예 강의을 도강하면서 미려한 서체에 심취했던 경험이 훗날 IT를 만나 전 세계인의 라이프스타일을 바꿔놓은 것처럼 말이다. 평소에 입체적인 생각을 많이 하는 것 역시 창의력을 높이는 데 큰 도움이 된다.

내 경우엔 어릴 때 놀던 거리들이 큰 역할을 했던 것 같다. 시골에서 자란 나는 요즘 어린아이들처럼 값비싼 문구나 장난감은 구경도 하지 못했다. 하지만 마을 천지가 놀이거리였던지라 한시도 심심한 적이 없었다.

나를 포함한 우리 삼형제는 종이인형놀이를 곧잘 했는데, 걸이 방식으로 어깨에 고리처럼 걸어서 앞면만 옷을 입히는 이상한 형태가 아니라, 종이를 포개서 앞뒷면 양쪽에 옷이 입혀지는 형태였다. 현재 후이즈에서 기술이사로 함께 일하고 있는 나의 형이 당시 이렇게 말했기 때문이다.

"아무리 종이라지만, 그래도 사람이니까 뒤에도 옷을 입히는 게 당연한 거야."

지금 생각해보면 어린 나이에 평면을 입체적으로 생각한 놀라운 상상력이었다. 또한 철사를 작게 잘라 망치로 두드려 펴서 검과 창을 만들고 연탄불에 담금질까지 하면서 미니대장간 놀이도 했고, 비오는 날엔 못꼽기, 마른 날엔 땅따먹기 등을 하면서 해 지는 줄 모르고 놀곤 했다. 이런 놀이들로 자연스럽게 키워진 상상력과 창의력이 어쩌면 나를 사업가의 길로 인도했는지도 모를 일이다.

기성품에 열광하기보다는 새로운 것을 만들어내는 능력을 키우고, 보통의 사람들이 통상적으로 생각하는 것들을 뒤집어 생각해 보는 습관을 기르자. 주위를 둘러보면 너무도 많은 것들이 상상력의 재료가 된다는 것을 알게 될 것이다.

사람의 마음을 헤아릴 줄 알아야 한다

발명을 할 때나 혁신적인 비즈니스 아이템을 개발할 때 중심이 되어야 할 포인트는 바로 사람의 마음이다. 결국 내가 기존의 보안 개념에 하드웨어적 구성을 결합한 보안 시스템을 생각해낸 것도 사람들이 무엇을 필요로 하는지를 먼저 고민하고 생각했기 때문이다.

즉, 클라우드와 모바일 환경이 점점 더 우리의 생활 속으로 들어오고 정보 보안에 대한 위협이 가중되고 있는 시점에서 무언가 더 높은 수위의 대책이 필요하다는 생각, 그리고 최근 데이터 해킹 피해 사례 등에 대한 안타까움이 상상력의 발로가 되어 준 것이다. 이런 과정을 통해 세상의 트렌드와 사람의 마음을 읽는 눈이 얼마나 중요한지를 다시금 생각하게 되었다.

스티브 잡스 역시 사고의 출발은 사람이었다. 그가 탐구한 인문학은 탁상공론의 학문이 아닌 지극히 현실적인 학문이었다. 마음 속에 누구나 가지고 있는 기본 욕구에 집중하고, 그 욕구를 충족시켜주었기 때문이다.

"내 말은, 사람들은 자신이 원하는 시간에, 자신이 원하는 방식으로, 자신이 원하는 기기를 통해 엔터테인먼트를 즐기고 싶어 한다는 의미이다. 따라서 우리는 사람들에게 무엇이든 원하는 시간에 원하는 것을 볼 수 있도록 해주고 싶다."

그러니까 그에게 기술은 인간의 욕구를 가장 심플하면서도 세련되고 우아하게 구현해주는 수단일 뿐이지 단순한 목적이 아니었단 뜻이다.

세상을 둘러보라. 해결해야 할 과제들이 얼마나 많은가? 뉴스에서 터져나오는 고통 속의 신음들과 생활 속의 불편함들은 넘치고 넘친다. 사업가라면 그런 불편함과 고통을 깊이 있게 헤아려볼 필요가 있다.

사람들의 심중을 헤아리는 마음, 이것이 바로 인문학의 출발이 아닐까? 경쟁력 있는 사업가가 인문학적 정서를 가져야 하는 이유가 바로 여기에 있다.

아이디어가 떠올랐다면 국제특허출원부터

글로벌 경쟁에서 우위를 차지하려면, 새롭게 탄생한 아이디어에 대해 특허출원부터 해야 한다. 누가 먼저 핵심기술을 확보하는가 하는 R&D와 특허 출원은 사업에서 가장 핵심이라 해도 과언이 아니다.

특허는 어렵고 복잡할 것이라는 편견을 버리자. 변리사와 상의하면 출원에 관한 절차를 손쉽게 안내받을 수 있다. 아이디어의 내용을 변리사에게 설명하면, 변리사가 이미 등록되었거나 출원 중인 선행기술이 없는지 세밀하게 조사해준다.

개인이 직접 특허신청을 하게 될 경우 아무래도 명확하고 상세한 특허명세서를 작성하는 데 어려움이 있다. 따라서 변리사와 상의하는 게 가장 정확하고 빠른 방법이다. 특허의 각 단계별로 청구료가 있기는 하지만 그리 부담스러운 수준은 아니다. 이마저도 부담스럽다면 공익변리사센터를 이용하면 된다. 특허출원 후 등록까지는 대체로 1년 6개월 이상의 시간이 걸린다.

특허로 갈 것인지, 실용신안으로 갈 것인지 역시 변리사와 상의하면서 방향을 잡을 수 있다. 특허의 보호대상이 발명인 반면, 실용신안의 보호대상은 물품의 구조 및 형상에 대한 고안이다. 따라서 특허가 제조방법, 측정방법, 검사방법에 대해서도 출원이 가능하다면, 실용신안은 물품에 대해서만 출원이 가능하다는 점에서 큰 차이가 발생한다.

특허출원 후 PCT(특허협력조약) 국제출원서를 제출하면 특허협력조약에 의해 PCT 가입국 전체 또는 일정 국가에서 같은 효력을 발휘할 수 있다. 자국 특허청이 요구하는 절차만 밟으면 국제특허출원이 가능한 셈이다.

21세기는 바야흐로 특허전쟁의 시대라 할 수 있다. 최근 애플과 삼성의 특허 논란을 보더라도 지적재산권이 기업의 생존에 있어 얼마나 중요한지 알 수 있다.

내 아이디어를 보호하는 측면에서라도 특허출원은 꼭 권장하고 싶다. 더불어 세계와 경쟁할 수 있는 보이지 않는 무기 역시 특허라는 점을 명심하자. 특허출원 후 나스닥에 상장된다면 승리의 확률은 더 커진다.

발명가정신과 인문학적 사고, 그리고 남보다 발빠르게 확보한 국제특허, 이 세 가지라면 새로운 가치로 세계적인 경쟁력을 확보한 사업가가 된 것이나 다름없다.

실패해도 괜찮다.
용수철처럼 다시 튀어올라라!

단돈 20만 원으로 창업해, 1년 만에 몇억 대의 매출을 올리고 그다음 해에 50억을 돌파했다고 하면, 어린 후배들은 "선배님은 운도 참 좋으셨네요. 저희들은 대학을 졸업해도 학자금 갚느라 고생해야 해요. 사회생활 시작부터 뭔가 실패한 듯한 느낌이에요"라며 부러운 듯한 눈빛으로 나를 바라본다. 시작부터 그런 열등감을 가질 필요는 없다. 아니면 환경 탓만 한다거나 하면 아무것도 이룰 수 없다. 나 역시 스물여덟이란 젊은 나이에 빚더미에 올라앉은 신용불량자였다. 어디 그뿐이었는가. 공들여 발굴한 사업 아이템을 순식간에 뺏길 뻔하기도 했고, 직원의 횡령사건에 개입되어 5년 동안이나 법원을 드나들어야 했던 일도 있었다.

역경을 겉옷처럼 태연하게 걸쳐라

비록 젊은 나이에 신용불량자가 되었지만, 내가 원하는 인생을 살아볼 수 있다는 희망으로 주저앉지 않았다. 사업을 하면서 겪은 수많은 고초 속에서도 늘 이렇게 자문했다.

'힘들어? 그래도 나의 미래에는 희망이 있지 않을까?'

'무릇 큰일에는 방해가 많이 따르는 법이야. 사극의 주인공들도 다 그렇잖아. 사업가란 모름지기 큰일도 겪어봐야 그만큼 더 큰 인물이 되는 거야. 나를 키워주려고 세상이 아주 안달이 났구만……'

나는 이런 넉넉한 마음으로 버텼다. 여러 가지 일들을 겪고 보니 마음 졸인다고 일이 풀리는 것도 아니었고, 결과적으로 이런 고통의 과정이 나를 더 키워준 자양분이 된 것 같다.

모르면 당하는 법이다. 효율적인 대출 방법이나 횡령사고를 방지하기 위해 어떤 시스템을 갖추어야 하는지 모르고 계속 살았더라면, 회사가 더 커진 상황에서는 아마도 더 큰 사고를 당했을 것이다. 어차피 당해야 할 일이라면 회사가 작을 때 당하는 것이 훨씬 좋은 것이다.

나는 역경도 하나의 일상이라고 생각하고 평소와 똑같이 일했다. '왜 나에게만 이런 일이 일어날까?' 하며 좌절하고 괴로워해봐야 해결되는 건 아무것도 없다.

연극 「햄릿」을 보면 이런 대사가 나온다.

"역경은 사람을 시험한다. 강한 사람이란 신이 주는 은총뿐 아니라 고통까지도 포용할 줄 아는 사람이다."

사업가라면 이처럼 넘어져도 다시 일어날 수 있는 좋은 탄력성을 지녀야 한다. 나를 쓰러뜨리려는 적은 밖에 있는 게 아니라 내 안에 있는 것이다.

칭기즈칸 역시 "너무 막막해서 포기해야겠다는 말은 하지 말라. 내가 목에 칼을 쓰고도 탈출하고, 뺨에 화살을 맞고도 살아남을 수 있었던 건 거추장스러운 것을 모두 쓸어버리고 나 자신을 극복했기 때문이다"라고 말했다. 이런 강인함이 그를 몽골제국의 칸으로 만든 원동력이었다. 약해지려는 자신을 끊임없이 추슬러라. 스스로를 이길 때 진정한 강자가 될 수 있음을 명심하라.

담금질을 많이 할수록 명검이 된다

실패는 성공을 위한 담금질이라고 했다. 누구에게나 실패는 온다. 인생에 있어서 단 한 번의 실패도 겪지 않고 온실 속의 화초처럼 자란 사람은 냉한기에 결국 얼어 죽고 말 것이다. 사업가도 마찬가지다.

실패는 물론 피해야 하지만, 실패했다고 해서 너무 낙심할 필요는 없다. 전화위복이라는 말이 있듯이, 실패 속에서 새로운 깨달음과 희망의 메시지를 찾아낼 수 있다면 오히려 갇힌 테두리를 깨고 나와 더 큰 세상을 만날 수 있다.

『마지막 잎새』를 쓴 오 헨리가 유명한 단편소설 작가가 될 수 있었던 것은 아이러니하게도 옥살이 경험 때문이었다고 한다. 그는 작가가 되기 전 텍사스의 오스틴 은행에서 일했는데, 그만 공금을 횡령한 혐의로 기소되고 만다. 그가 복역한 기간은 3년이었다.

3년 동안 감옥에서 들은 수많은 복역수의 인생이야기와, 그들과 함께 생활하면서 겪은 경험들이 그의 상상력을 한껏 자극했다. 퇴소 후 그는 그때의 경험들을 바탕으로 열정을 다해 타자기를 두드렸고, 그 결과 후세에까지 전 세계적으로 사랑받는 작가가 됐다. 전화위복이 아닐 수 없다. "피할 수 없다면 즐겨라"라는 말처럼 피할 수 없는 상황을 즐긴 결과가 아닐까?

나 역시 5년 동안 법원에 다니면서 얻은 게 있다.

'아, 업무 시스템을 제대로 갖추지 않으면 개인과 회사 모두 엄청난 피해를 입을 수도 있겠구나.'

이런 위기의식으로 인해 '스마트경영시스템'을 계속해서 업그레이드시킬 수 있었다. 후이즈에서 만든 경영시스템을 감히 세계 최고라고 말할 수 있는 이유는, 내가 최악의 상황을 겪으면서 뼛속 시리게 절감한 깨달음으로 하나하나 공들여 개발한 것이기 때문이다.

담금질을 많이 할수록 명검이 되는 것은 자명한 진리이다. 실패를 자양분 삼아 용수철처럼 튀어 오르자.

사회 환원도 좋지만
사회 재발전(Re-Generating)이 더 좋다

순진한 것인지 맹한 것인지 나는 사람을 곧잘 믿는 경향이 있다. 아버지께서 정하신 우리 집의 가훈은 '건강, 정직, 노력'이다. 그런대로 괜찮은 가훈인데, 그래서 그런지 어려서부터 정직해야 한다는 생각을 많이 하고 자랐다. 성인이 되고 나서도 조금의 과장은 할지언정 거짓말은 일절 하지 않게 되었고, 남들도 그러리라는 착각을 많이 한다.

그런데 웬걸, 내가 만난 대다수의 사업가들은 너무 과장이 심하여 약속을 어기는 경우가 태반이었다.

이를테면 경력이 화려하고 언변도 좋아서 사업을 잘해내겠구나 싶어 여기저기 투자를 해주었다가 거의 사기 수준으로 날리는 경우도 많이 당했으며, 좋은 의미로 사업 제휴를 해준 것이 부메랑이 되어 되려 우리가 사업 손실을 메꾸어 줘야 한다고 소송을 거는 사람도 있었다. 큰 돈을 빌려주고 돌려 받지 못한 경우도 허다했다.

머리가 그렇게 나쁜 편은 아닌데, 왜 이렇게 남들에게 잘 당하고 속는지 스스로도 답답해 한번은 절에 가 스님에게 여쭈어본 적이 있다.

“행복하려면 어떻게 해야 할까요?”

“행복하지 않나요? 행복에 대해 생각을 많이 하시나요?”

“아니요. 별로요……. 평소에 그렇게 많이 생각하지는 않는 것 같습니다.”

“행복에 대해 생각을 많이 하는 사람은 자기가 불행하기 때문이지요. 행복한 사람은 행복에 대한 생각을 많이 안 해요. 불행한 사람이니까 행복을 생각하는 거죠? 스스로 불행하다고 생각하나요? 행복에 대해서 별로 생각도 하지 않지요?”

“그러네요. 저는 특별히 행복해야겠다는 생각을 한 적이 별로 없는 것 같습니다. 그냥 현재 하는 일들이 재미있고, 그래서 폭 빠져 있어요.”

“그렇지요. 행복한 사람은 행복에 대해 생각할 필요가 없지요.”

“저기 스님, 질문이 하나 더 있습니다.”

“……”

“제가 마음이 여려서 그런지, 힘들고 어려운 사람을 보면 꼭 도와줘야 한다는 생각을 자꾸 합니다. 예를 들어 누군가 딱한 사정으로 돈을 빌려달라고 하면 제 사정이 더 궁하고 어려운데도 나는 어떻게든 잘되겠지, 이렇게 생각하고 무리를 해서라도 돈을 빌려주거든요. 그리고는 모질지도 못해서 빌려준 돈을 잘 받지도 못해요. 왜 그럴까요?”

“허허, 아마도 조상님들에게 이어받은 것이 있겠지요.”

“조상님이라면 할아버지가 아버지 어릴 때 돌아가셔서 저희 아버지밖에 없는데, 저희 아버지는 누구에게 돈 빌려주시고 떼이는 분이 아니거든요."

"혹, 아버님도 가엾은 사람을 보면 그냥 못 지나치시는 분은 아닌가요?"

"아…… 그렇긴 했어요. 어릴 때를 기억해 보면 집에 거지가 찾아와도 그냥 보내지는 않으셨거든요."

"당신 속에 그런 아버님의 영향을 받은 '측은지심'이 많아서 그럴 겁니다."

걸인을 환대했던 나의 아버지

나의 아버지는 광부셨다. 강원도 태백에서 태어난 나는 고등학교를 졸업할 때까지 그곳에서 지냈다. 지금이야 휴양도시로 개발되어 볼 것이라도 조금 있지만, 내가 어릴 때만 해도 우리 마을은 한국의 대표적인 탄광촌이라 주민들의 삶이 어렵고 팍팍했다. 게다가 광부들의 죽음이 시시때때로 이어졌는데, 아버지는 광부로 일하시다 다행히 공병대에서 배운 기술 덕분에 광업소 토건과로 옮겨서 일하실 수 있었다. 그렇다고 살림이 크게 나아지진 않았던 것 같다. 셋째인 나를 포함해 4남매를 먹이고 입히는 것만으로도 허덕거릴 형편에 첫 딸을 제물 삼아 삼형제를 모두 서울에 있는 대학까지 보냈으니 두 분이 얼마나 배를 곯으셨을지 생각하면 지금도 마음이 아프다.

어린 시절부터 내 아버지는 예사 분과는 달랐다. 워낙 살기 어려웠던 시절인데, 강원도 태백은 당시 한국의 에너지원이었던 석탄 수요의 70%를 담당하던 곳이라 그런대로 경기가 좋았다. 그도 그럴 것이 광부들이 목숨을 담보로 탄광에 들어가는데, 보상이 작을 수는 없지 않은가.

그렇다 보니 자연히 태백에는 걸인들이 많았는데, 그들이 이집 저집 밥을 얻으러 다니는 모습을 흔하게 볼 수 있었다. 강원도, 그것도 두메산골이라 마을사람들 대부분 선하긴 했지만, 그들도 워낙 없는 살림에 정착한 사람들인지라 걸인이 찾아와도 대부분 넉넉하게 챙겨주지 못했다.

하지만 우리집은 달랐다. 걸인이 오면 아버지는 마치 귀한 손님이 갑자기 찾아온 양, 신발도 안 신고 양말만 신은 채 부뚜막으로 뛰어나가셨을 정도다.

"어서 방으로 들어오세요."

"아니, 그냥 드시다 남은 밥만 좀 얻어가면……."

예상치 못한 아버지의 마중에 걸인은 당황해서 몸을 움츠렸고, 그 모습을 본 나의 어머니는 황당한 상황 앞에 하던 일을 멈추고 그저 멍하니 서 계셨다.

"여보, 뭐해요. 얼른 밥상 차려오지 않고선! 반찬도 신경 써요."

그러고는 주춤대며 몸을 뒤로 빼는 걸인의 손을 잡고 아버지는 기어이 안방으로 들어섰다. 부엌에서는 어머니의 한숨 소리와 함께 가마솥의 밥이 익어갔고, 얼마 지나지 않아 밥상이 두 개 차려졌다.

반찬 그릇이 유난히 많이 올라간 큰 상은 안방으로 들어갔고, 소박하기 그지없는 밥상은 작은 방에 있는 우리 4남매와 어머니의 것이었다.

그런데 이게 끝이 아니었다. 밤 늦게 구걸하러 온 걸인을 집 안으로 들어와 자고 가도록까지 했다.

"바깥 날씨가 너무 추우니 들어오세요. 오늘은 여기서 나랑 함께 잡시다."

"네?"

겨우 방 두 칸짜리 집에서 걸인과 아버지가 안방을 차지했으니, 졸지에 어머니는 그날 밤 작은방 신세가 되었다. 이런 일이 내가 어릴 때 자주 일어나곤 했다. 걸인조차도 환대하던 분이 바로 나의 아버지였던 것이다.

스님의 말씀은 그러니까 내가 유난히 인정이 많으신 아버지를 닮아 사람들을 도와주고 싶어 하는 것이고, 그래서 측은함 때문에 사람을 잘 믿게 되는 것이며, 또 어려운 부탁을 해오면 쉽게 거절도 하지 못하는 성향을 갖게 되었다는 것이다.

스님의 말씀을 듣고 나니 한편으론 이해가 되기도 했지만, 이젠 그만 손해봤으면 좋겠는데 앞으로도 그러려나 생각하니 심경이 복잡하기도 했다.

사회적 약자들을 돕는 것은 반드시 필요하다고 생각하지만, 사업가들의 과장된 말에 현혹되어 욕심이 지혜를 넘어서는 일은 더 이상 없었으면 하는 바람도 있기 때문이다.

그럼에도 불구하고 아이템은 좋은데 돈이 부족해 안타까워 하는 사람이 있다면 힘이 되어 주고 싶은 것이 솔직한 심정이다. 나 역시 사업을 키우는 과정에서 회사는 흑자가 나는데도 그 성장 속도가 너무 가팔라서 오히려 직원들의 PC 사줄 돈이 아쉬웠던 적이 있었기 때문이다.

흑자가 나는데, 왜 돈이 부족한지 이해가 안 되는 사람도 있겠지만, 회사가 흑자가 나도 한창 성장하고 있는 상황에서는 현금유동성이 맞지 않는 경우가 왕왕 발생한다.

그래서 나는 회사가 좀더 자리 잡히고 여유가 생기면, 13년 전을 회상하면서 이런 초기 스타트 기업들의 자금지원을 돕는 엔젤 펀드를 구성해보고 싶다.

평생 직장을 꿈꿀 수 있는 곳

기부에 대한 생각이 나는 조금 다르다. 단순히 돈만 기부하는 것보다는 후이즈가 지원할 수 있는 특색 있는 기부나 사회 선순환 시스템이 더 효과적일 수 있다는 생각을 한다.

'사랑의 열매'에 개인적으로 기부를 하고는 있지만, 그것보다는 나와 후이즈의 특색을 살려서 사회에 기여하는 것이 더 좋겠다는 생각을 많이 한다.

2011년, 사상 최악의 일본 대지진이 발생했을 당시 후이즈는 일본의 국가 도메인 '.JP(닷제이피)' 등록에 따른 수익금 전액을 일본 지진 피해 복구 지원 성금으로 기부하기도 했는데, 일본에서 벌게 된 수익이므로 일본의 어려움에 동참하겠다는 취지였다.

사업이란 모름지기 죽기 살기로 덤벼야 하는 생존게임이다. 그곳에서 잘 살아남았다는 것은 사회로부터, 고객으로부터 그 존재가치를 인정받고 사랑을 받았다는 의미이다.

작은 구멍가게를 운영하더라도 고객이 있기에 지속적인 성장이 가능한 법이다. 마찬가지로 사업가 역시 어려울 때엔 서로 도와줄 수도 있어야 이치에 맞는 것이다. 인간관계 역시 서로 주고받는 게 있어야 지속될 수 있는 것처럼 기업도 그와 다르지 않다고 생각해야 한다.

그러므로 기부를 일회성으로 그칠 게 아니라, 자금이 선순환 구조를 그릴 수 있도록 설계하는 것도 좋겠다는 생각이다. 밥을 주기보다는 밥 짓는 방법을 가르쳐 주는 게 훨씬 더 효과적이기 때문이다.

예컨대 사회적 기업을 만들어 일자리를 창출하는 것도 좋은 생각일 수 있다. 아직 추진 체계를 갖춘 것은 아니지만, 나는 후이즈의 사업 영역과 성격을 고려하여 사회적 노동 취약 계층에 대한 일자리를 제공해주는 것을 준비하고 있다. 이를테면 고령화사회에서 일을 할 수 있는 여력이 되는데도 명예퇴직을 강요받은 사람에게 일자리를 제공하는 것이나 육아로 인해 쉴 수밖에 없는 고학력 주부에게 탄력근무제를 통해 여건에 맞게 일할 수 있도록 해주는 것이다.

실제로 후이즈에는 60세가 넘은 직원들이 있다. 사무직이 아닌 영업직인데, IT에 대해서는 잘 모르지만 후이즈 내 IT 전문 컨설턴트의 도움을 받아 그들은 이제까지 쌓아온 자신의 네트워크를 활용해 그룹웨어나 회계, 그리고 ERP솔루션을 활용할 잠재고객을 찾아내는 훌륭한 역할을 하고 있다.

육아를 겸해야 하는 주부에게는 사내근무와 재택근무를 적절히 안배해서 근무를 할 수 있도록 지원한다. 재택근무 시에는 웹 기반 그룹웨어와 사내 메신저, 이메일 등으로 커뮤니케이션 하면서 업무를 진행하도록 하여 의사소통의 불편함을 최소화했다.

나는 후이즈의 계열사 중 한 곳을 사회적기업으로 인증받을 계획이다. 그렇게 되면 현재 열심히 일하는 직원들이 정년퇴직 후에도 계열사를 통해 재취업할 수 있으므로 원하는 사람은 평생 직장의 기회를 제공받을 수 있다.

약자에게 힘이 되는 기업으로

만약 이순신 장군이 없었다면, 그 당시의 조선은 어떻게 되었을까? 그리고 현재의 역사는 또 어떻게 바뀌었을까? 생각하면 아찔하다. 이렇게 한 사람의 힘이 클 수 있다는 것은 이순신 장군이 워낙 걸출한 인물이기도 하지만, 가장 참혹하고 결정적인 순간에 그분이 존재했기 때문이라는 생각을 하게 된다.

이순신 장군에 대한 한 일화가 있다. 1592년 7월, 이순신 장군은 한산도 해전과 안골포 해전에서 대승을 거두었다. 그런데 그는 전투 중에 적선을 모두 파괴하지 않고 일부러 한두 척을 남겨두었다고 한다.

왜 그랬을까? 적군에게 아량을 베푼 것일까? 아니다. 도망갈 곳이 없어 궁지에 몰린 적들이 억하심정으로 힘없는 우리 백성들에게 해를 가할까 염려했기 때문이다.

나는 이 일화를 통해 이순신 장군이 얼마나 훌륭한 장군인지 다시 한 번 깨닫게 됐다. 그래서 미약하나마 이러한 정신을 이어받고자 한다.

그것은 곧 하늘이 내게 발명가형 사업가의 재능을 주었으니, 이 재능을 살려 후이즈를 대한민국의 자랑스러운 거대 기업으로 만드는 것이다. 그래서 한민족의 우수성을 세계에 알리고, 인류의 공영과 세계의 평화를 창출하는 데 기여하고 싶다.

한민족은 폐허 속에서 일어선 엄청난 민족이다. 그런데 이러한 힘을 스스로 잘 모르고 있는 듯하다. 널리 인간을 이롭게 하라는 '홍익인간'을 건국이념으로 갖고 있는 나라는 한민족밖에 없다. 고조선의 애민사상은 이순신으로 이어졌고, 후이즈는 그 정신을 이어받고자 한다. 그리고 이것을 국수적인 민족주의가 아니라, 글로벌 세상에 퍼져나갈 홍익인간의 이념으로 계승·발전시키고자 한다.

세계에 흩어져 있는 약자들에게 꿈과 희망을 안겨주는 그런 기업이 되는 것도 좋지 않을까?

나는 이 꿈을 꼭 이뤄낼 것이다. 스티브 잡스로 촉발된 스마트 혁명 이후 IT의 가치와 시장의 규모가 급속하게 커져가고 있는 환경에서, 후이즈의 장군들이 13년간 축적한 웹 기반 기술 노하우를 중심으로 뜻을 실현해 간다면 그렇게 어려운 과제만은 아니라고 본다. 그러한 의미에서 나의 좌우명을 다시 한 번 되새겨 본다.

"뜻대로 되리라!"

발명가정신으로
무장하라

① 세상은 정치, 경제, 문화, 환경 그리고 사람들이 모두 유기적으로 얽혀 돌아간다. 이러한 흐름과 메커니즘을 꿰뚫어보는 안목을 키워야 한다. 그렇게 되면 사업도 보이고 돈도 보일 것이다. 세상이 나를 위해 변화해줄 수는 없는 노릇이니, 내가 세상에 맞춰가면서 변해야 한다.

② 이제 우물 안의 개구리처럼 대한민국 안에서만 경쟁하겠다는 생각은 버리자. 사업가의 뜻을 품었다면 세계인의 마음을 움직일 만한 강력한 핵심기술을 개발해봄 직하다.

③ 발명을 할 때나 혁신적인 비즈니스 아이템을 개발할 때 중심이 되어야 할 포인트는 바로 사람의 마음이다.

④ 뉴스에서 터져나오는 고통 속의 신음들, 생활 속의 불편함들은 넘치고 넘친다. 사업가라면 그런 불편함과 고통을 깊이 있게 헤아려볼 필요가 있다. 경쟁력 있는 사업가가 인문학적 정서를 가져야 하는 이유가 바로 여기에 있다.

⑤ 기부를 할 때는 일회성에 그치는 것이 아니라, 자금이 선순환 구조를 그릴 수 있도록 설계하는 것이 좋다. 밥을 주기보다는 밥 짓는 방법을 가르쳐주는 게 훨씬 더 효과적일 것이다.

5%를 100%로 만드는
흑자경영의 비밀

5년간의 지리한 법정 투쟁을 하면서 사업에는 거의 손 대지 못하는 상황에 처해 있을 때, 나는 스스로를 다독여야 했다.

"이런 것은 결국 나에게 좋은 자양분이 될 거야. 너무 쉽게 성공하면 심심하잖아. 어차피 성공할 건데, 정말 크게 되려나 보다. 그러니 거의 특검 수준으로 나를 조사했겠지. 중소기업이 검찰 수사만 2년을 받는다는 게 말이나 돼? 그래, 난 정말 큰 인물이 되려나봐……."

사실 어이도 없고 답답했으며 세상이 정말로 미웠다. 누구에게도 도움을 청하기 어려운 그런 시기였지만 나는 긍정적인 마인드로 나를 가득 채우려 애썼다.

5년이라는 세월은 결코 짧지 않다. 마치 긴 터널을 지나온 듯하다. 김대중 정부 시절, 갑작스러운 벤처 사건이 터지고 나서 급속하게 냉각된 투자 환경, 그리고 내리막······.

거의 투자가 됐다고 보고 준비했던 상황들이 갑작스러운 변화로 인해 다 꼬여버려서 결국 빚으로 허덕이던 시절, 그 당시 빌려 쓴 사채가 독이 되어 결국 5년간의 지리한 법정 투쟁으로 이어졌다. 일도 제대로 하지 못하고 보내버린 5년이라는 시간.

나는 낙관적 메시지로 스스로를 위로했다.

터널은 언젠가는 끝난다.

슬픔도 언젠가는 끝이 난다.

살아 있기만 한다면, 언제든 재기는 가능하다.

아무리 어려운 상황이 닥쳐도 잘될 수밖에 없다는 긍정적 생각으로 자신을 가득 채우자.

그리고 이 현실을 제대로 극복해낼 수 있는 자신의 무기를 갈고닦자.

나에게 시련이 닥쳤다면, 그 시련이 닥칠 정도로 내가 성장했다는 것이다.

그냥 조용히 직장 생활만 하는 사람들에게는 그렇게 엄청난 규모의 시련이 닥치지도 않고 닥칠 일도 없다. 하지만 그들이 결코 안전한 것은 아니다. 자신도 모르게 회사가 없어질 수 있고, 개인사에 엄청난 변화가 일어날 수 있다.

자기 책임이 커지는 반면, 그만큼 자신이 감당할 체력이 커져 있는 것이라 생각하자.

스스로를 믿되, 고객의 요구를 정확히 읽어내고 이를 채워
줄 수 있는 대안적 실험을 충분히 해야 한다. 결코 일반적
수준의 사고로는 불가능한 일이다.

"사업은 아무나 하는 것이 아니다"라는 말은 전적으로 옳다. 사
업은 기존의 상식을 전복시키고 새로운 패러다임을 창출해내야만
존재 가치가 있기 때문이다. 따라서 '천재적 광기'가 필요하다.

그렇다고 새로운 패러다임의 창조를 너무 크고 멋진 곳에서만
찾으려 하지는 말자. 새로운 패러다임은 늘 가까이에 있다. 나를
둘러싼 현재의 환경에서 출발하는 것이 가장 좋다. 앞서 말했듯이
자기가 좋아하고 잘할 수 있는 분야를 기반으로 삼되, 사람들을
감동시킬 수 있는 것이면 된다.

사업가로서 발돋움을 했다면, 이제부터 인생의 가장 많은 시간
을 일에 투자하면서 살아야 한다. 그렇다면 돈 그 자체가 목적인
일이 아닌, 스스로의 행복과 가치를 창조할 수 있는 일이 되어야
하지 않겠는가.

'만약 이런 게 있다면 사람들이 정말 좋아할 거야'라고 할 만한
감동적인 미션을 정하고, 그에 맞는 답이 활화산 폭발하듯 터져나
올 때까지 미친 듯이 업무에 몰입해보는 것이다.

이것이 바로 '천재적 광기'다.

이순신 장군이 전쟁에 대비해 철두철미하게 준비한 거북선도 바

로 천재적 광기로 탄생한 것이다. 이순신 장군에 의해 건조된 거북선은 구조나 성능 면에서 기존의 전투함과는 차원이 다른 것으로, 우수한 조선의 판옥선을 기반으로 일본과의 해전에 가장 적합하도록 설계되었다. 그대로 돌격해 적의 진영을 일거에 흐트려버리고, 사방에 탑재된 포를 자유자재로 쏘아대면서 적의 핵심 병선을 한꺼번에 공격하는 거북선에 일본군은 속수무책으로 무서워하며 벌벌 떨었다고 한다.

거북선급의 폭발적인 상품을 터뜨릴 정도로 에너지가 축적되었다면, 과감하게 사업을 시작해도 좋다. 다만 그 바탕엔 언제나 스스로에 대한 믿음이 있어야 한다는 것을 잊지 말아야 한다. 의심과 두려움은 스스로의 앞길을 가로막는 장애물이기 때문이다.

어차피 실패해도 갈 곳은 없다. 비즈니스가 실패로 돌아가면 직장생활을 하는 직원들이야 다른 회사로 이직을 하면 그만이지만, 사업가는 그렇게 녹록지가 않다. 모든 회사 부채에 대해 개인 보증이 걸려 있으므로 부채 전액을 떠안아야 하고, 갑작스러운 경영 악화로 직원들에게 미지급된 급여 전액을 책임져야 하며, 회사의 매입채권에 대한 법적인 책임도 져야 한다. 실패한 개인의 재정 규모로 이를 떠안기엔 너무나 큰 부담이다.

그러므로 배수진을 칠 수밖에 없다. 그렇다면 차라리 긍정적 사고로 가득 찬 희망의 배수진을 쳐라.

"까짓 거 한번 부딪쳐보자. 난 무조건 성공할 수밖에 없어!"

이러한 희망의 메세지를 자신의 몸에 가득 채우면 나쁜 운조차도 자리를 비켜간다고 한다.

"성공하려거든 희망의 배수진을 쳐라!"

직장생활하면서
자기사업을 꿈꾸는 사람들에게

평생직장 개념이 사라지다

많은 사람이 요즈음 창업에 대해 고민하고 있으리라 생각한다. 한국 사회는 IMF 체제를 거치면서 아주 짧은 시간 속에 기업의 체질 개선이 이루어졌다.

그 체질 개선이 기업의 경쟁력 측면에서는 일정한 성과를 거둔 것이 사실이지만, 실제 노동시장에서 느끼는 근로 조건에 대한 부분에서는 많은 부분 더 치열함을 요구하는 것이 현실이다.

이러한 무한경쟁의 냉혹함 속에 던져지면서 평생직장의 개념이 사라지고, 직장인 스스로도 자기 브랜드와 자기 경쟁력을 갖지 못하면 도태되는 냉혹한 현실이 다가오고 말았다.

앞으로도 이러한 경향은 미국식 자본주의를 향한 재편을 서두

르고 있는 한국적 상황에서는 당분간 계속될 것으로 보인다. 또한 의료 기술의 발달로 인간의 수명이 비약적으로 늘면서 100세를 넘긴 사람들을 어렵지 않게 보게 된다.

그런데 우리의 머릿속 생각은 여전히 예전의 상황에 머물러 있다. 현재 대부분의 은퇴 시점은 보통 55~60세 정도이다. 그런데 인간의 수명은 75세에서, 이제 조만간 100세를 바라보는 시대에 접어들 것으로 보인다. 평균 수명 100세가 되는 시대가 열리는 것이다. 지난 연말에 손오공 회장님의 모친께서 100세를 맞이하는 잔치에 다녀왔다. 100세에도 너무 정정하셔서 놀라웠다. 그런데 이러한 일들은 곧 우리 주변에서 흔히 볼 수 있는 일상적인 행사가 될 것이다. 60세 무렵에 은퇴하고 나머지 40년을 무엇으로 지낼 것인가?

예전에는 흔히 하는 말로 "은퇴하게 되면 여행이나 슬슬 다니면서 소일거리 하지 뭐." 했다지만, 이것도 20년 정도가 아니라, 40년이 넘도록 하면 꽤 지루해질 것이다. 즉, 은퇴 후의 삶에 대한 준비가 필요하다는 것이다. 피터 드러커는 99세의 임종 시점까지 너무나도 활발한 저술 활동을 펼쳤고 열정적인 강연을 했던 것으로 유명하다.

우리의 은퇴 후의 삶은 아마도 제2의 인생을 준비해야 할 정도로 길어질 것이 자명하다. 이렇게 길어진 시간을 무엇으로 보낼 것인가?

아마도 이제는 누구든 은퇴 이후의 삶과 일에 대해 생각해야 할 것이고, 자기사업에 대한 생각도 한 번쯤 헤아려볼 필요가 생겼다. 자신이 몸담았던 기존 조직을 그냥 떠나기보다는 자신의 노하우를 은퇴 이후에도 프로그램화해서 전수해 줄 수 있는 멘토 제도 등으로 활용할 수도 있고, 전체 노동 시장의 안정화를 위해 임금피크제의 도입으로 60세 은퇴가 아니라, 70세 은퇴로 은퇴 시점을 늘릴 수도 있겠다.

세상은 점점 변화한다. 단지 우리들의 생각의 구조가 이 세상의 흐름을 전혀 쫓아가지 못하고 있다. 이미 환경은 다 바뀌어 있는데, 우리들의 머릿속만 그대로 과거의 그림에 머물러 있는 것이다.

창업이든, 혹은 전문적인 영역으로의 진입이든 무언가 은퇴 후의 미래를 단순히 재산 축적의 물적인 차원의 준비만이 아니라, 우리가 지속해서 무언가에 열정을 쏟으며 지낼 수 있는 업(業)의 준비가 필요하다.

2011년 12월 15일 코엑스에서 열린 '1인 창조기업 성공포럼'에 참석해 강연한 적이 있다. '현실에 기반한 사업 아이템으로 창업 시장에 도전해야 한다!'는 주제로 1인 창업의 성공 요소와 사업 10계명에 대해 말했는데 창업자들의 관심과 호응도는 매우 컸다.

이제는 창업에 대한 고민을 대부분의 직장인이 할 수밖에 없는 시대에 접어든 것 같다. 실제 사람의 수명이 길어져서, 은퇴 이후에도 막연히 쉬면서 여행만 다니기에는 너무도 긴 시간이기 때문이다. 단지 생활자금을 버는 문제뿐 아니라, 어떻게 인생을 즐겁게 살아갈 것인가를 위해서도 창업은 생각해봐야 할 주제이다.

예전과 비교하면 창업 여건은 많이 달라졌다. 10여 년 전만 해도 대체로 3억~5억 정도 자금을 갖고 점포 창업이나 프랜차이즈 창업을 하게 되면, 임시직 직원들 급여가 나가고도 충분히 이자수익률 이상으로 수익을 낼 수 있었다.

하지만 최근의 사업 환경은 소자본 창업자들의 경쟁이 심해져서 이마저도 쉽지 않은 구조이다. 무엇보다 중요한 포인트는 바로 남들을 따라 하는 창업은 하지 말라는 것이다. 자신의 경쟁력 요소를 꼼꼼히 따져봐야 한다. 소자본 창업이라지만, 자신이 가진 순수 자본금과 은행 대출금, 투자금만 해도 각각 5천만 원에서 1억 원가량의 비용을 들여 시작하는 것이라, 실패할 때를 생각하면 부담이 매우 클 수밖에 없다.

세상은 끊임없이 변화한다. 그 변화가 커져 나갈 분야가 아닌 쪽으로 투자하게 되면 향후 아이템 수정에 아주 큰 비용이 들어갈지도 모른다. 오히려 이렇게 빚을 져가면서 남들이 보통 하는 사업아이템에 투자하는 것보다는 창의력을 발휘하여 자신만의 독특한 제품군을 발명해보거나 자신의 네트워크 혹은 업무 역량을 높여 새로운 분야의 영업마케팅을 자원하는 쪽이 오히려 더 좋을 수 있다.

사업은 창의력이 핵심이다. 창의력이 없는 사업아이템은 발전할 동력 자체가 없는 것과 같다. 만약 자신이 창의력이 부족하다면, 이미 창의력이 높은 사람 혹은 조직이 개발한 제품이나 상품에 자신의 삶을 걸어보는 것도 좋을 것이다. 분명히 사회생활을 오래 한 사람이라면 이미 자신의 업무 역량과 노하우, 그리고 인적 네트워크가 충분히 쌓여 있다. 그것을 좋은 사업 아이템과 접목한다면 매우 좋은 성과를 낼 수 있을 것이다. 창업을 하든 영업을 하든 성공을 눈앞에 실현해내는 일이 무엇보다 중요하다.

자기사업을 꾸리기 전에 꼭 알아야 할 2가지

1. 개인사업자로 할 것인가, 주식회사로 할 것인가?

장단점이 있다. 결론적으로 쉽게 얘기하자면, 회사 매출이 10억 원 미만에 대출 없이 직접 마련한 자기자금으로 회사를 운영할 생각이라면 굳이 법인을 설립하지 않아도 별반 애로사항이 없을 것이다.

그러나 10억 원 이상의 매출을 올리고 있다면 법인으로 가는 것이 더 바람직하다. 왜냐하면 개인사업자는 개인사업소득세로 38.5%를 내야 하는 반면, 법인사업자는 24.2%를 내도록 되어 있어 세무적으로 좀더 유리할 수 있다. 물론, 법인사업자를 거쳐 자신이 배당 받는 구조라면, 어차피 배당세 10%를 추가로 내야 하기 때문에 그다지 큰 차이가 나지는 않을 것이다.

법인 기업이 되면, 외부 고객에게도 신뢰감을 줄 수 있게 되어 좋고, 향후 회사 사옥을 매입한다거나 혹은 운영자금을 더 확보해야 할 때 개인이 받을 수 있는 대출 금액보다 더 큰 규모의 대출을 받을 수가 있다.

한편 개인사업자에 대해서는 회계적 신뢰도가 상대적으로 낮아서 은행 대출이 된다 하더라도 개인신용대출의 성격이지, 개인사업자의 매출액과 당기순이익을 대비해 대출 금액을 일으키는 구조가 아니라는 점을 이해해야 한다.

회사가 커지면, 자연히 은행 대출 없이 사업을 펼쳐가기에는 무리가 따른다. 그리고 자금을 빌리지 않고 재무건전성만 고집하는 것도 그렇게 바람직하지 않다.

2. 초기자금 유치 플랜

초기 회사 매출이 1~2천만 원도 안 되는 때에 자금을 유치한다는 것은 사실 쉽지가 않다. 하지만 충분한 흑자가 예상되고, 미래의 시장이 성장하리라고 본다면 이 역시 불가능한 것은 아니다.

이때 물론 은행 차입은 어려울 수 있다. 은행의 대출을 활용하려면 법인기업으로 출범하고 최하 1년은 지나야 한다. 1년이 지나면 재무제표가 나오는데, 재무제표가 완료되는 시점은 익년 1월이 아니라, 익년 3월 말경이므로 이제 막 시작한 기업이 은행 대출을 받아낸다는 것은 거의 불가능하다고 보면 된다. 그렇다면 창업 1년차의 자금 조달은 어떻게 해야 할까?

가장 현실적인 방법은 우선 엔젤 투자 유치다. 그리고 회사의 성장세가 뚜렷해지고, 수익성이 충분히 실적치를 보여줄 수 있다면 그다음 단계로 중소 규모의 벤처 캐피털을 접촉할 수 있을 것으로 보인다. 대중적으로 널리 알려진 브랜드나 기업이라면 인터넷주식 공모를 추진해보는 것도 한 방법이다.

순서를 정리해보자면, 엔젤 투자 유치, 인터넷 주식 공모, 벤처 캐피털 투자 유치 정도라고 보면 된다.

자가 테스트:
나도 혹시 타고난 사업가형?

▲ **해당하는 항목에 체크해보세요.**

1. 평소 '세상이 왜 이렇게 불편해?'란 생각을 자주하고, 불편한

   건 바꾸고 싶다는 욕구가 불끈 솟곤 한다.

2. 제품을 사용하다가 문제가 생기면 '이 서비스는 왜 이렇게

   엉망이야?', '이 회사 기술력은 왜 이렇게 형편없어?' 같은

   생각을 많이 한다.

3. 잘되는 가게를 보면, 투자금은 얼마이고 일일매출은 얼마일

   지 궁금증이 생긴다.

4. 맨주먹으로 일어선 사업가의 성공스토리를 들으면 가슴이

   두근두근거린다.

5. 평소 가르침을 받는 쪽보다 남에게 뭔가를 가르쳐주는 쪽

   이다.

6. 위기상황이 닥치면 피하는 게 아니라 정면돌파한다.

7. 평소 남을 이해하고 설득하는 능력이 뛰어나다.

8. 나보다 못한 사람들을 보면 강한 동정심이 일고 도와주고
   싶다.

9. 세일즈 계통에서 3관왕을 해본 적이 있다.

10. 뭔가 한 가지에 빠지면 밥 먹는 것도 잊을 만큼 몰두하는
    편이다.

11. 트렌드 변화에 민감하고 얼리어답터이며, 정보통이란 별명을
    가지고 있다.

12. 남의 마음을 잘 읽을 줄 알고, 절에서 새우젓을 얻어먹을 만
    큼 눈치가 빠르다.

13. 친구들 사이에서 중재자 역할을 종종 한다.

14. 공상의 나래를 펼치는 게 취미이다.

15. 혼자서 배낭여행을 떠날 만큼 모험과 스릴을 즐긴다.

16. 오늘 당장 회사를 박차고 나가도 굶어 죽지 않을 자신감이
    있다.

17. 일을 할 때 가장 먼저 생각하는 건 효율이다.

18. 성취욕이 강하다.

19. 학창시절, 단순암기 과목보다 이해 과목이 더 좋았다.

20. 여자의 경우, 치마를 두른 남자란 얘기를 종종 듣는다.

21. 처음 만나는 사람과도 금세 친해질 만큼 친화력이 좋다.

22. 평소 좋은 생각이 나면 꼭 메모하거나 녹음해둔다.

23. 복잡한 것도 단순하게 이해하는 재능이 있다.

24. 반복적인 일, 지루한 일을 싫어하고 호기심이 많다.

25. 드라마보다는 뉴스나 다큐멘터리를 즐겨본다.

26. 돈이 생기면 쓸 생각보다 재테크할 궁리를 한다.

27. 평범하다는 말보단 엉뚱하다는 얘기를 많이 듣는다.

28. 부정적이고 심각하기보다 낙천적이고 긍정적인 편이다.

29. 지하철을 타더라도 어느 칸에 타야 내리기 편한지, 계산한

후 탄다.

30. 단어 하나로 두 시간도 얘기할 수 있다.

진단

1. 25개 이상

당신은 타고난 사업가형입니다. 뭔가 세상을 놀라게 할 만한 아이디어가 떠올랐다면 멈추지 말고 생각을 발전시켜 보세요. 특허를 받을 만큼 기막힌 제품이 탄생할지도 모릅니다.

2. 16~24개

당신은 직장생활보다 사업을 하면 훨씬 인생이 즐거워질 거라고 느낄지 모릅니다. 당장 회사를 관두지 않더라도 투잡을 시도하거나, 괜찮은 사업 아이템에 투

자해보는 건 어떤가요? 작은 계기가 인생의 터닝포인트가 되어줄지도 모릅니다.

3. 0~15개

직장생활과 창업 사이에서 고민하고 계신가요? 하지만 아직 창업은 이릅니다.

직장생활을 통해 업무에 대한 이해도와 조직생리를 더 익힌 후에 창업에 도전

해 본다면, 훨씬 도움이 될 것입니다.

사업 10계명

1. 오늘 거꾸러질지언정 낙관하라!

낙관하지 않으면 어쩌랴! 어차피 인생은 마라톤이다. 쉬이 좌절하지 마라. 그 정도가 좌절할 정도면 성공하는 사람은 결코 없다.

2. 사업이 잘되더라도, 결코 돈을 많이 벌고 있다는 내색은 하지 마라!

모두 돈 얻으러 온다. 인간관계도 힘들어지고 사업도 어려워진다.

3. 사업이 잘될수록 조심하라! 특히 세무문제와 횡령을 조심하라!

경계를 늦추는 순간부터 귀사는 엄청난 어려움에 봉착할 것이다.

4. 미래의 불확실성에 기대지 말고, 항상 현실의 냉혹함을 견디고 이겨내라!

현실성 있는 매출을 가장 중요하게 생각해야 한다. 그것이 회사를 견고하고도 튼튼하게 만든다.

5. 특허와 상표권, 꼭 챙기자!

R&D는 가능한 특허와 그 특허에 걸맞은 가장 좋은 상표명으로 챙겨두자. 이것
이 재산이다. 정 자금이 떨어진 경우라면 특허와 상표권만으로도 투자 유치가
가능하다.

6. 자금은 항상 여유 있게 미리미리 준비하라!

정책자금 꼭 챙겨라. 눈먼 돈 많다. 저리의 자금 정책을 눈여겨보라. 지식경제부
R&D 자금, 중소기업진흥공단 정책자금, 기술신용보증기금, 소상공인지원센터,
은행 신용 관리 등등을 찾아보라.

7. 대기업 임원이나 대기업 출신 직원은 가능한 한 쓰지 마라!

인사에 실패할 확률이 매우 높다. 차라리 회사에 바로 적응해 업무를 펼쳐갈 수
있는, 중소기업 실무 경력자를 추천한다.

8. 고객의 작은 소리에도 귀를 기울여라!

고객에게 사업의 기회도 있고, 사업의 발전 방향도 있다. 고객의 소리를 무시하
는 순간부터 귀사는 어려워질 것이다.

9. 직원들과의 소통이 매우 중요하다!

핵심 인력을 꼭 챙기고, 전체적인 직원들의 분위기와 흐름을 잘 이해해야 한다.

10. 비전과 인센티브가 살아 있게 하라!

직원들은 보상에 민감하다. 그리고 회사의 비전을 생각한다.

비전을 제시하고, 인센티브가 살아 있음을 느끼게 하라.

불가능을
가능으로 만드는
**강한 사장이
답이다**

초판 1쇄 인쇄 **2012년 4월 2일**   초판 1쇄 발행 **2012년 4월 10일**

지은이 **이청종**
펴낸이 **연준혁**

출판2분사 분사장 **이부연**
편집장 **김연숙**
책임편집 **윤서진**
제작 **이재승**

펴낸곳 **(주)위즈덤하우스** 출판등록 **2000년 5월 23일 제13-1071호**
주소 **(410-380) 경기도 고양시 일산동구 장항동 846번지 센트럴프라자 6층**
전화 **(031)936-4000** 팩스 **(031)903-3891**
홈페이지 **www.wisdomhouse.co.kr**
종이 **화인페이퍼** 인쇄·제본 **현문인쇄** 후가공 **이지앤비**

ⓒ 이청종, 2012

값 **13,000원**   ISBN **978-89-6086-525-9 [13320]**

국립중앙도서관 출판시도서목록(CIP)

불가능을 가능으로 만드는 강한 사장이 답이다 / 이청종 지음.
-- 고양 : 위즈덤하우스, 2012
　　p. ;　cm

ISBN 978-89-6086-525-9 13320 : ₩13000

기업 경영[企業經營]

325.1-KDC5
658.4-DDC21　　　　　　CIP2012001224